서툴지만 나답게

서툴지만 나답게
작은 용기로 매일을 살아내는 공부

초판 인쇄 | 2025.11.12
초판 발행 | 2025.11.12

지은이 | 김봉자, 김춘자, 김호영, 정은미, 천유진, 허윤미
디자인 | 사라
발행인 | 변은혜
발행처 | 책마음

출판 등록 | 2023.01.04 (제 2023-1호)
주 소 | 원주시 서원대로 427, 203-1401
전 화 | 010-2368-5823
이메일 | book_maum@naver.com

값 16,800원
ISBN | 979-11-94921-14-1 (03810)

본 책은 저작자의 지적 재산으로서 무단 전재와 복제를 금합니다.

서툴지만 나답게

김봉자
김춘자
김호영
정은미
천유진
허윤미

책마음

목차

프롤로그 • 6

1장 서툴지만 용기있게 • 11

나이가 든다는 건 • 12
삶은 사랑으로 성장 중입니다 • 18
내가 나에게 • 25
이 여자와 그 남자의 여름 나기 • 34
꽃 한 송이의 의미 • 41
유일무이한 나 • 47
꿈을 위한 두 번째 학기 • 54
한 권의 책, 사람의 성장 • 60
부모의 손길, 아이의 뿌리 • 66
영혼의 한 사람 • 71
인공지능 시대의 인간 존재 • 77
그리운 길, 기억 • 82
조금 느리게, 조금 천천히 • 84
서툰 청춘, 책 속에서 만나다 • 92
길 위에서 • 99
여행의 목적지는 나 • 105
오늘을 쓰는 사람 • 113

2장 서툴지만 괜찮은 어른으로 • 123

어설픈 독서광 • 122
수다로 그리는 그림 • 129
원더우먼 신드롬 • 136
무계획이 계획 • 145
어쨌거나 마이웨이 • 151
우리는 연결되어 있다 • 158
여행이 주는 의미 • 164
회색 털뭉치 • 172
왕초보 교수 • 179
행복의 조건 • 186
늘 아쉬움이 남는 여행 • 193
삶이 내게 말을 걸다 • 202
내리사랑과 치사랑 • 205
북해 크루즈를 타다 • 208
슬픔을 춤으로 • 212
함부르크에서의 인연 • 216
서울깍쟁이와 딸깍발이 • 219

에필로그 • 222

프롤로그

서툴러도

처음 우리는
책을 읽는 일도
생각을 나누는 일도
서툴렀습니다

어색한 인사 속에서 시작된 금요일 새벽의 시간
조심스레 얼굴을 보고
조용히 서로의 이야기를 들으며
우리는 조금씩 마음의 거리를 좁혀 갔습니다
어쩌면

삐뚤빼뚤한 글씨로 이름을 써 내려가던

그 어린 시절의 우리처럼

지금도 여전히 배워가는 중입니다

모르는 게 많아도 괜찮다는 것

말을 더듬어도, 생각이 달라도

함께 갈 수 있다면 그게 답이라는걸

우리는 이 시간에 배웠습니다

책을 통하여

읽고, 쓰고, 듣고, 말하는 동안

우리는 단지 책 이야기를 하는 게 아니라

서툴지만 진심으로

'나답게 살아가는 법'을 이야기하고 있었습니다

삐뚤빼뚤 하지만

꿈을 그려 보는 우리의 시간

이 공동 저서는

그 서툰 걸음들의 기록이자

우리의 마음이 엮인 여정입니다

모르는 게 많아도 괜찮고

틀려도 괜찮은 우리

그게 바로

『서툴러도 나답게』입니다

오늘도 우리는 서툴지만

자기다운 길을 걷고 있습니다

나날 북클럽 리더, 참솔김춘자

** 이 책의 표지는 강원도 고성 건봉사에 있는 300년 된 소나무입니다. 『어머니 나무를 찾아서』를 함께 읽으며 직접 찾아간 '어머니 소나무', 전쟁의 불길 속에서도 꿋꿋이 살아남아 지금도 우람히 자라는 생명의 상징입니다.

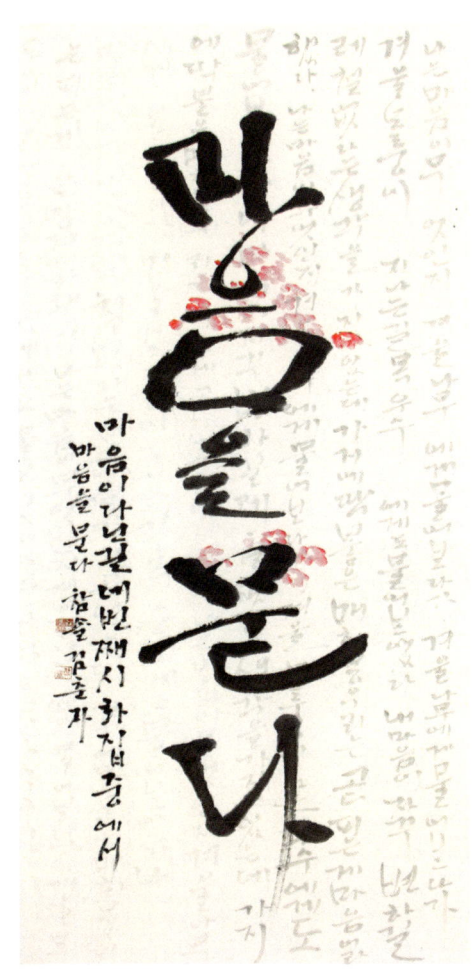

삶은 아름다움으로 가득했다. 삶을 대하는 진실과 용기를 잃지 않으면 우리는 볼 수 있다. 예순이 넘어 보이기 시작한 인생이 나에게 말해준다. "나이 든다는 것은 두려워할 일이 아니라, 준비해야 하는 일이다."라고.

〈나이가 든다는 건〉 중에서

1장
서툴지만 용기있게

나이가 든다는 건

지나온 삶의 페이지마다 아름답고 행복한 순간들이 분명 존재하지만, 선명한 색으로 나타나지 않는다. 긴 마라톤 끝에 의자에 앉아, '드디어 끝났다!'라며 마라토너가 느끼는 안도감과 해냈다는 승리감보다, '너무 힘들었다.'라는 감정이 먼저 밀려와 마음 한구석이 씁쓸하다. 내가 온몸으로 사랑하며 살아온 삶은, 지금 느끼는 무거운 슬픔보다 소중하고 따뜻한 순간들이 더 많을 텐데, 그 기억들은 지금 어디에 숨어있을까.

우리가 살아온 삶의 시간 속에는 기쁨, 슬픔, 아쉬움, 즐거움, 안타까움 등 다양한 사연이 여러 감정의 색깔로 함께 존재한다. 나 또한 마찬가지이다. 내 삶에도 이미 희미하게 빛바랜 색깔이 있다면, 다시 찾아 진하게 채색하여 아름답게 유지하고 싶다. 나의 지난 삶에서 무엇을 찾아야 할지를 아는 사람은 결국 나밖에 없다. "글을 쓰는 것은 인생을 두 번 사는 것이다."라는 '제시카 브로디'의 말처럼 나는 읽고 쓰는 시간을 통해 길가의 들꽃 만나듯 나의 지나온 삶의 조각들을 하나씩 마주하려 한다.

젊은 날의 삶은 화려한 불빛으로 어지러운 도시처럼 늘 긴장감으로 팽팽했다. 밤을 밝히는 불빛은, 은은한 달빛과 별빛의 아름다움도 삼켜버렸다. 모든 일이 처음은 서툴러 실수한다지만 엄마로 사는 삶은 실수하고 싶지 않았다. 그러나 부모라는 무게감은 행복을 느껴야 할 순간에 욕심이 먼저 앞장을 섰다. 나는 아이들이 잘하고 있는 일은 당연하게 여겼고, 부족한 부분은 더 잘하라고 다그쳤다. 아이들이 받아야 할 칭찬과 용기와 격려를 해주어야 할 순간에 엉뚱한 것들을 처방했다.

나는 잠자는 아이들의 착하고 예쁜 얼굴을 보며 미안함에 자책하였다. '나에게 이렇게 귀하고 예쁜 아이들을 왜 주셨을까?' 간절한 마음에 '부모 자격증 문제지라도 있으면 좋겠다.'라는 생각까지 들었다. 잘 키우고 싶은 마음은 바람결에 흔들리는 촛불처럼 나를 불안하게 만들었다. 나는 불안함과 두려움을 느끼는 근본적인 이유가 먹고사는 경제적인 문제라 진단하고 가장 기본적인 것들만 지출하며 전쟁처럼 살았다.

'엄마니까 참아야 해.'

저녁 무렵 버스가 한강을 지날 때, 멀리 보이는 아파트 불빛을 보며 '우리는 집을 언제 가질 수 있을까?' 나 자신은 보이지 않고 오직 앞서 달려가는 타인들의 화려한 삶만 보였다. 내 눈은 먹이를 찾는 독수리처럼 늘 세상 밖으로 향했고, 시간이 갈수록 심신은 지쳐갔다. "인내심을 가져라. 모든 것은 적당한 때에 결국, 네게 올 테니."라는 부처의 말을 나는 믿지 않았다. "젊을 때는 젊음을 모르고 사랑할 때는 사랑을 모른다."라는 말처럼 귀한 것을 귀한 줄 모르고, 목표를 쫓다가 순간의 소중한 것들을 놓쳤다. 아이들이 예쁘게 성장한 소중한 시간을 찾고 싶어서 뒤늦게 사진첩을 꺼내보았다.

내 삶은 지나친 열정으로 그날의 에너지는 모두 소진되고,

하루하루는 견뎌내야 하는 삶의 연속이었다. 나 혼자였다면 매일 바람에 나부끼는 깃발 같은 삶을 끝내 버티지 못했을 것이다. 사랑이라는 이름으로 나는 내 삶을 스스로 괴롭히기도 했지만, 남편과 아이들은 고소하고 달콤한 사랑으로 내 앞을 밝혀 주었다. 그 덕분에 나는 지금까지 살아남을 수 있었다.

머리카락처럼 얼굴의 잔주름이 생기는 요즘, 소중한 것들이 온전한 색으로 다가오고, 지난 삶의 시간들이 간절함 속에서 진실한 모습으로 심연에서 서서히 떠오른다. 삶은 간절함이 클수록 상처도 깊어지는 법이라는 것을, 예순이 넘어 글을 쓰며, 뒤늦게 알게 되었음을 부끄럽게 고백해 본다.

실수가 잦아 아프고 천둥번개 치고 소낙비 내리는 여름 같은 삶의 계절을 지나 나이가 든다는 건, 신체는 점점 푸르름을 잃어가지만, 정서적, 정신적으로는 자신의 빛을 너그러움으로 찾아가는 지혜로운 시간이 주어진다는 뜻이다. 가끔은 욕심에 흔들리지 않고 자신을 보듬어, 삶을 관조할 수 있는 고요함에 마음을 두는 평화를 찾는다. 잃는 것이 있다면 얻는 것도 있다는 생각이 들어 나이를 먹는 일이 꼭 나쁘지만은 않다. 이것이 삶의 성장이지 싶다.

요즘, 나는 부족한 것은 부족한 대로 쓰다듬고, 용기와 격려로 나 자신을 천천히 달래주는 아량도 부려본다. 어느 길이 더 안전한지 재보느라, 나를 높은 벼랑 끝에 세워두고, 더 이상 재지 않아도 되니 삶의 갈등이 없어 감사하다. 푸르던 날의 나는, 찬란한 햇빛만이 좋은 줄 알았다. 하지만 단풍이 드는 삶의 시간에 들어서니, 빛과 그늘은 함께 있어야 더 아름답다는 것을 느끼며 해지는 노을을 본다. 지는 석양빛이 하루 중 제일 아름다운 풍경이다. 어쩌면 지금이야말로, 노을처럼 삶의 깊은 맛을 느낄 수 있는 때가 아닐까 생각해본다.

숲속에 다양한 꽃과 풀들이 함께 피어나듯, 좋은 것도 싫은 것도 함께 오는 것이 인생이라면, 마음먹기 나름이라는 배짱이 생긴다. 피하고 싶어도 피해지지 않은 것이 인생임을, 세월 돌아 이제는 받아들일 수 있는 너그러움에 미소를 짓는다. 날씨 좋은 날 공원 잔디밭에 아이 풀어 놓듯이 꼭꼭 싸매고 있던 마음을 자유롭고, 순진하고 소박하게 풀어놓는 예순이 넘은 인생을 만나니 파도치던 감정이 진정되고 가슴속의 울렁증이 사라진다. 깊은 숲속에 조용히 앉아 나무들을 관조하듯이 자신을 관조하며 맑음 가운데 마음을 두는 평화가 글을 쓰면서 조금씩 찾아진다.

현실의 무게로 예전의 나처럼 고통받는 젊은 인생을 만난다면 "삶은 한 가지 색만 있는 것이 아니라, 무지개색을 지녔으니, 삶을 스펙트럼으로 보라."고 말해주고 싶다. 우리가 가진 눈은 다양함 속에서도 자신이 보고 싶은 것만 보는 경향이 있기 때문이다. 나는 두 눈을 가졌음에도 한쪽 눈을 감고 과녁을 보듯, 한 지점만 보는 실수를 하였다. 정신을 차려 주변을 둘러보니, 삶은 아름다움으로 가득 차 있었다. 삶을 대하는 진실과 용기를 잃지 않는다면, 우리는 그 아름다움을 분명히 볼 수 있다.

계절이 바뀌듯, 젊음과 나이 듦이 함께 있는 삶은 지루할 틈 없이 흘러간다. 나이가 든다는 건, 지난 삶을 돌이켜보고 우리가 놓쳤거나 실수하여 주름진 곳을 펼칠 수 있는 기회를 주는 일이니 지극하게 고맙다. 어느 순간 자신의 역할을 다한 몸은 수지화풍(水地火風)으로 사라질 것이고, 우리의 삶은 결국 영혼만 남는다. 예순이 넘어 보이기 시작한 인생이 나에게 말해준다. "나이 든다는 것은 두려워할 일이 아니라, 준비해야 하는 일이다."라고.

혹, 길을 잘못 들었다면 지금 바로 핸들을 고쳐 잡으면 된다. 더 늦지 않게….

김봉자

삶은 사랑으로 성장 중입니다

 자연 속에 계절이 있듯 인간의 삶에도 나이라는 계절이 있다. 봄꽃이 피는 아름다운 시간에 매서운 꽃샘추위가 있고, 여름의 푸른 성장에 폭풍우가 있는 것처럼, 사람의 삶에도 천둥과 번개가 치고 때때로 매서운 추위와 장마가 온다. 견뎌낸 시간만큼, 가을 단풍이 물들듯이 나이에 따라 사랑의 색깔과 향기는 차이가 있다. 나무에 수분과 햇빛, 영양분이 충분할 때 풍성한 꽃을 피우고 실한 열매를 맺듯이, 우리의 삶도 사랑이 넉넉할 때 반짝반짝 빛을 내며, 주변의 삶도 건강하게 키워낸다. 나에게는 사랑이 곧 삶의 에너지이다.

 나의 삶이 바람에 흔들려도 난파되지 않고 항해를 할 수 있는 까닭은 믿고 의지할 수 있도록 배려하는 '등대' 같은 남편의 사랑 덕분이다. 사랑은 따뜻한 눈빛과 작은 격려의 말 한마디, 가슴 따뜻한 포옹으로 잔잔한 불빛처럼 찾아온다. 나는 그런 사랑의 작은 몸짓 하나하나에서 살아갈 힘을 얻는다. 결혼 후, 남편이 내게 가장 먼저 당부한 말이 있다. "아무리 화가 나도 감정적으로 내뱉어선 안 되는 말이 있어. 정말로 이혼하고 싶을 때가 아니면 '이혼하자'는 말은 절대 하지 말자." 그 말은 지금까지도 내 마음에 깊이 남아 있다.

젊은 날 나의 사랑은 참고 인내하는 온유한 사랑이 아니라 이기적이고 오만방자했다. '세상에 당연한 것은 없다.'는 진리를 무시하고 잘난 척하며, 내가 받는 사랑을 당연하게 여겼다. 삶은 동화 속의 달콤한 사랑이 아니라 인내와 희생과 포용과 너그러움으로 가꾸어 가라고 가르쳐주었다. 거친 땅속에서 씨앗이 싹을 틔우듯 참사랑은 삶의 연륜과 함께 천천히 자랐고, 비바람에 흔들리며 꽃이 피고 지고 열매 맺듯이 세월이라는 풍랑 속에서 사랑은 천천히 삶을 영글게 했다.

감정에는 눈이 없어 길을 잃을 때가 가끔 있다. 내가 맥없이 뱉어낸 말이 화살처럼 날아가 남편의 가슴에 백발백중 꽂힌다. "말로 인한 상처는 영원히 남는다."는 것을 알면서도 남편의 마음에 상처를 내고, 다시 주워 담을 수 없는 말에 허둥대며 후회한다.

남편은 때에 맞춰 밥을 먹지만, 나는 배가 고프지 않으면 건너뛰기 일쑤다. 그런 나에게 남편이 "혼자 밥 먹어도 될까?"하고 조심스레 묻기라도 하면, "또 밥 먹을 시간이야?"라고 퉁명스럽게 무안을 준다. 그러고는 어색함을 감추려 말끝에 "요"를 붙이며, 괜히 얼굴을 붉힌다. '타인을 배려하는 마음은 도대체 언제쯤 성숙할까?'

한번은 "벌써 저녁 먹을 시간이네, 먼저 알아채지 못해서 미안해!"라고 말하니, 남편의 얼굴이 맑은 하늘처럼 환해졌다. '이렇게 쉬운 일을 왜 못하고 살았을까?' 사랑은 상대를 위해 나의 마음을 조금 표현해 주면 되는 것을. 사실은 나를 위해서 필요한 말과 행동임에도 '너를 위해서' 한다고 여기니 더 어려운 법이다. 마음은 주고 또 주어도 닳지 않고, 만날수록 더 빛나는 것이 사랑인 줄 알면서도, 행동으로 옮기지 못하는 나의 마음은, 가을 햇살 속에 한참 더 영글어야 할 열매 같다. 감정은 사람의 품격뿐만 아니라 삶의 질도 좌우한다.

가정이 사랑의 지혜로움으로 삶의 깊이를 더해야 하는 까

닮은 아이들이 자라고 있기 때문이다. 아이들은 따뜻한 사랑과 보살핌 속에 행복하게 자라야 마땅하다. 사랑을 주고받을 줄 아는 건강한 정서를 지닌 어른으로 자라야 아이의 삶뿐만 아니라 아이가 살아가는 사회도 편안해진다. 나는 사랑의 감정도 배워야 하는 것임을 결혼생활을 통해 배운다. 비난과 원망 대신 숨 한번 내쉬는 짧은 시간에 하늘 한번 쳐다보며 어른이 되어가는 길을 찾아간다. 삶의 어려움과 위기의 순간, 사랑에 사랑을 더하면 사랑은 마치 비밀처럼 곱셈의 힘을 발휘한다.

감정이 활화산처럼 솟아오를 때 뱉어내는 감정은 해결은커녕, 서로의 얼굴에서 불쌍한 인생 군상들의 측은한 모습을 보게 된다. 삶의 비애로 마음만 아플 뿐이다. 어른이라도 몸만 크고, 감정이 성숙하지 못한 아이 같은 어른이 많다. 나도 그중 한 사람이다. 나의 표정이 밝지 않은 때 남편은 웃으며 "왜 화났어?" 먼저 묻는다. 늘 신호를 보내는 남편을 보며 나는 오늘도 사랑을 배운다.

과일나무 키우듯 삶과 사랑도 말과 글로 매일 마음을 다듬고 성장시켜야 한다. 내가 가꾸지 않은 과실나무에서 과일을 따 먹을 수는 없다. 부부간의 사랑, 자녀와의 사랑, 이웃과의 사랑도 가꾸고 보살필 때, 더 풍성한 열매를 맺는다. 긴 시간 남편과 함께 걸어 왔지만 사랑에 최적화를 못다 이룬 나는 오늘도 사랑의 울타리를 고친다.

겨울 찬바람이 나뭇가지 흔드는 소리에
창문에 내려앉은 달빛도 흔들리는 밤
당신이 있어 나는 참 따뜻합니다.
금토끼 옥토끼, 누가 볼세라
추운 날 분리수거해 주는 당신의 배려에
오늘도 나는 즐겁습니다.

사람이 사람을 사랑함에는 이유가 없음을
깨닫게 해주는 당신의 깊은 사랑에
오늘도 나는 참 감사합니다.
언제나 뿌리 깊은 나무처럼
사랑으로 배려하는 당신이 있어
나는 오늘도 참 잘 지냅니다.

비바람 천둥번개 칠 때 괜찮다고
우산 들어주는 든든한 당신이 있어
나는 참 안심이 됩니다.
언 땅속 씨앗들을 찾아오는 봄 햇살처럼
따뜻한 사람이 내 당신이어서
오늘도 나는 참 행복합니다.

두 손 맞잡고 따뜻한 온기 나누며
매일매일 함께 크게 웃는 우리 사이
오늘도 나는 참 기쁩니다.
살다 보니 지나가는 방귀 소리에도
마주 보며 깔깔 껄껄 닮아가는
우리 사이 참 고맙습니다.

누구나 한 번쯤 지난 일에 대해 '그때는 왜 그렇게밖에 못 했을까?' 안타까움과 후회의 감정으로 잠 설치는 날이 찾아온다. 그럴 때 나는 이렇게 위로하고 싶다. "삶이 성장하는 중이니 너무 슬퍼하지 말자, 실수는 때로 행복을 찾아가는 지름길일 수도 있다, 그러니 오히려 감사하자." 모든 처음은 다

서툴고, 실수도 한다. 세상 제일 좋은 사랑도 배워야 더 잘할 수 있음을 기억하며, 나는 오늘도 사랑을 배우며 성장한다. 사랑은 세상에서 단 하나뿐인 진리이기에.

김봉자

내가 나에게

한겨울 찬바람이 쌩하니 부는 12월 16일, 오늘은 너의 생일이야. 72세에 돌아가신 엄마를 생각하니 미안하고 서럽다. 63년 전 오늘, 아들만 태어나기를 기다리는 딸 많은 집에 너는 태어났어. 조부모와 아버지의 기대와 달리 딸을 낳고, 속상한 엄마는 너에게 젖을 물리지 않고 윗목에 밀쳐놓았지. 불쌍히 여긴 할머니가 아랫목에 데려다 누이고 미음을 끓여 먹이셨어. 한겨울 추위라 아버지는 아궁이에 불을 많이 지폈고, 네가 너무 울어봤더니 몸에 화상이 입었다고 했어. 너는 조부모님 방에서 잠을 자고 놀이터 삼아 지냈지.

위에 언니가 죽어 슬픔으로 셋째 딸이 된 너는 병약해 잔

병치레가 많았고, 그 덕분에 조부모님과 주변의 보살핌과 사랑을 듬뿍 받았어. 모두가 검정 고무신 신고 다닐 때 큰고모는 하얀 운동화와 예쁜 원피스를 네 것만 사다 주셨지. 너는 어릴 때 받은 많은 사랑에 마음은 늘 반짝였어. 어느 날, 쉰이 다된 여동생이 어릴 적 허기진 엄마의 사랑으로 가슴 아파할 때 너는 이해하지 못하고, "사랑은 같은 거야. 엄마 사랑 없어도 다른 사랑이 충분하면 괜찮아."라고 당당히 말했지.

그날부터, 너는 문득문득 엄마를 생각하며 "엄마"하고 불러볼 때, 입안에 향긋한 침이 고이고 솜사탕 같은 그리움이 쏴 밀려오기를 소망했지만, 엄마와 함께한 따뜻한 기억도, 입가에 떠오르는 달콤한 미소도 느낄 수 없었어. 가슴은 뜨거운 열기 대신 늦가을 찬바람에 떨어지는 나뭇잎처럼 우수에 젖는 너의 마음을 병이라 탓했지. 햇살 맑은 날 여우비 맞은 분홍 꽃잎처럼 네 마음에 그리움이 몽글몽글 솟으면 좋으련만. 느낄 수 없는 감정에 너는 고민했어.

우연히 『책마음』 출판사에서 나온 에세이 글 중, 엄마의 사랑을 듬뿍 받은 저자의 행복한 어린 시절 글을 보며 너는 큰 슬픔을 느꼈지. 가슴 저리는 아픔에 눈물 흘리는 슬픔의 정체는 무엇인지 궁금했어. 남들이 엄마를 생각하며 느끼는 그리움 대신, 초라해짐을 느끼는 까닭은 무엇인지, 아름답게 피고 지는 꽃자리에 열매가 맺는 찬란함을 보며 생각하고 또 생각했지. 긴 시간 네가 보지 못한 마음 깊은 작은 방, 외면당한 서러움에 울고 있는 작은 아이를 너는 발견했어. 그 아이는 문을 열고 들어갈 수 없는 오기로 가득 찬 외로운 아이였어.

네가 따뜻하게 안아주고 괜찮다고 위로해 줘야 할 아이였어, '이제 너를 발견해서 미안해. 오랫동안 많이 외로웠지.' 너는 눈에 보이지 않던 아이를 보듬은 후에야 알았어. 사랑한 만큼 보인다는 것을, 아프다고 외면하면 안 된다는 것과 인정하기 싫다고 무시하면 안 된다는 것을.

'엄마는 너를 낳던 그날이 얼마나 춥고 무섭고 서러웠을까? 뜨거운 미역국은 드셨을까?' 아마도 눈물을 먼저 삼키셨을 것 같아. 여태 살아오면서 너는 자신의 아픔만 바라보았지. 너 자신을 언제나 겨울나무라 생각하며…. 아마 너의 엄마는 옹이가 여러 개 박힌 겨울나무였을 거야.

낮에 나온 반달이 너의 눈물 그릇이라면, 엄마의 눈물 그릇은 '새벽 정화수 길러 올리는 두레박'이었을 지도 몰라. 새벽별 눈 껌벅이고 대나무 숲 바람도 잠든 시간, 장독대 위에 정화수 떠 놓고 샛별 보며 두 손 모으시고 기도하시던 엄마 뒷모습. 어깨 위에 앉은 삶의 무게는 누가 알까. 춥고 추운 겨울 같은 삶은 꿈에 그리던 아들 셋을 올망졸망 낳고도 보살피지 못하고 병든 몸은 방바닥과 한 몸이 되었어, 늦게 낳은 귀한 아들이 어여뻐, 명주실 한 올 같은 삶의 끈을 잡고 이승에 누워 저승 같은 삶을 사셨을 수밖에 없었던 엄마의 시간은 아픔으로 너에게 건너왔지.

너는 엄마 손을 잡고 걸어 본 기억이 없어, 아플 땐 큰언니 등에 업혀 병원 가고, 학교 입학식은 같은 학교에 다니던 둘째 언니 손잡고 가고, 운동회는 늘 혼자였어. 네가 14살 때. 대구에 가신 엄마는 여름이 지나고 겨울이 와도 안 오셨어, 14살 나이는 동생들 밥해 먹이고, 빨래하고, 도시락 싸서 학교 다니며, 엄마 흉내 내기에는 너무 힘들었어. 12월 날씨가 너무 매서웠어. 겨울바람이 지나가면 두 손과 뺨이 빨갛게 얼음으로 남았지.

별안간 대구 큰 고모 댁 가족들이 엄마와 함께 오신다고 해서, 금요일 학교를 파하고 집에 가방을 놓고 손수레를 끌고 여동생을 데리고 시장에 갔지. 배추 파는 아주머니께 김장김치 담그는 방법을 묻고 배추와 김장 재료를 샀어. 어스름해지는 저녁, 동생이 뒤에서 손수레를 밀고 겨울바람은 심술궂게 앞에서 밀었지. 아주머니가 가르쳐준 대로 소금물을 만들고 배추 사이사이 별빛을 뿌리듯 소금을 뿌려 밤새 절였어. 한밤중에 일어나 한번 뒤집고, 새벽같이 일어나 먹어보기만 했던 겨울 김장김치를 담갔어. 김치 맛이 너무 맛있어 더 서러웠어.

집에 온 엄마는 처음 온 손님 같았어. 인사도 없이 아랫목에 가만히 앉아 밥상을 기다리고 있었어. 14살 아이가 차린 밥상은 국과 콩나물무침, 두부 부침, 고등어조림과 전날 급히 담근 배추김치가 전부였지만 모두 너무나 맛있게 먹었지. 김치가 맛있다고 칭찬 일색이지만, 엄마는 한마디 말도 없었어. '고맙다. 수고했다. 잘했다. 애썼다.' 이 중에 한마디만 말했어도 참 좋았을 텐데…. 그때부터 엄마를 대신해 집안일하고 학교에 다니며, 꽃이 필 마음자리에 때때로 가시도 함께 자랐어.

너는 초등학교 1학년 때 몸이 아파 일 년의 반은 빈집에 혼자 누워 있었어. 양지바른 담벼락 아래 앉아 낮에 나온 반달을 쳐다보며 처음 죽음을 보았지. 그때도 엄마 대신 대나무 숲 바람이 함께였어. 그래서일까, 지금도 바람이 좋아. 너는 엄마한테 묻고 싶은 말이 있었지. "엄마, 나는 한 번이라도 엄마한테 예쁘게 핀 꽃이었을까?"

순백의 눈 속에도 생명은 자라고
긴 겨울 추위는 봄을 품고 꽃을 피워
무심한 시간에 사랑이 익어간다
이제야 알겠다.
세월 흘러 너의 머리가 희끗희끗한 이제야

모든 상처는 아물어야 빛이 되고
삶은 사랑한 만큼 보인다는 것을
아무도 너는 저 우주 아득한 별에서 온
귀한 아이라고 말해준 이는 없었다

너는 알았다, 가슴에 별이
고독하게 빛나고 있음을
낮에 나온 반달이 미소 짓는 것을 보며

네다섯 살 작은 꼬마일 때 알았다

양지바른 담벼락아래 앉아
집 뒤 외롭게 우는
대나무 바람 소리로 알았고
하얗고 노란 아기 눈곱만큼 작은
냉이꽃이 친구일 때 알았다

작은 여자아이 앞으로
갓 부화한 노란 아기 병아리들 삐악삐악
종종종 엄마 닭 따라갈 때
너는 알았다. 나도 엄마가 있는데

낮에 본 반달이 밤하늘 둥근 보름달 되어
은빛으로 온 세상 비출 때
살아생전 못다 한 마음은 향불처럼 피어나
밤바람 돌고 돌아
달밤에 피어나는 꽃이 된다

함박눈이 온 세상을 하얗게 덮은 것처럼

엄마의 아픔 위에

나의 사랑을 포개어 순백의 눈처럼

그렇게 가슴으로 품어본다

나도 사랑하는 엄마가 있어.

(2024년 12월 16일. 내가 나에게)

엄마가 돌아가신 날. 지는 벚꽃을 보며 많이 슬펐다. 생과 사의 인생이 슬펐고, 너무도 찬란한 봄이라 더 아팠다. 평생 아프게 사시다 가시는 엄마의 진달래꽃 같은 인생이 서러웠고, 미처 엄마의 삶과 아픔을 이해하고 위로하지 못한 못난 서러움에 눈물은 허공을 맴돌았다. 차갑게 굳은 가슴이 아파 슬픔은 배가 되고 멈춰진 시간 속에 낮달은 한줄기 눈물로 채워졌다.

꽃이 진다.
향기는 봄바람에 날리고 꽃이 진다.
떠나는 아픔은 여기 두고
봄바람에 춤을 추며 꽃이 진다

남은 설움은 아지랑이 되어 허공에 오르니

하늘 가득 꽃구름이라.

(엄마가 돌아가신 해. 4월)

"너 참 대단해! 작은 몸으로 수고 했어!" 그래, 지금부터 내가 더 사랑하면 되지. 엄마가 마음이 많이 아파서 말을 못 했던 거야. 저 별에서 지금은 너에게 말하고 있을걸.

"예쁜 셋째 딸아! 고맙다!" "애썼다!"

이제. 한줄기 눈물 흘린다면, 어릴 적 너의 상처와 아픔이 아닌 엄마의 슬픈 삶을 위로하는 진혼곡이 되겠구나! 꽃은 향기를 남기고, 사람은 사랑으로 계절을 살아간다.

너를 사랑해, 엄마를 사랑해! (2024년 12월16일)

김봉자

이 여자와 그 남자의 여름 나기

"여보! 당신이 좋아하는 참외가 싱싱해서 많이 사 왔어요." 8월 더위는 베란다 화초에 물을 뿌려주는 잠깐의 시간에도 등에 땀이 흐른다. 남자는 더위에 아랑곳없이 오늘도 마트에서 이것저것 장을 봐 왔다. "응, 고마워요! 상당히 덥죠?" 여자는 소파에 앉아 에어컨 바람을 쐬며 책을 읽다가 재빨리 일어나 웃으며 다가가 남자를 맞는다. "엥? 두 박스나 사 왔네." 여자는 순간 내뱉은 말에 이어 얼른 "와! 진짜 싱싱하다. 참 잘 샀네." 명랑한 목소리와 미소로 고마움을 보낸다.

  5kg의 참외를 두 박스나 사 왔다. 걱정이다. 물건은 싱싱하고 좋지만 모두 어디에 보관할지 걱정이 앞선다. 여자는 과

일을 좋아하는 자신을 위해 더운 날씨에도 싱싱한 채소와 과일을 사 오는 남자의 나무 같은 순수한 마음만 보기로 한다. 형제자매가 가까이 살아서 부담 없이 나눠 먹을 수 있으면 좋으련만, 가까이 살지 않아서 아쉽다. 일부러 먼 길을 건너 가져다주면, 오랜만에 왔다고 뭔가를 챙겨주려는 그 마음이 떠올라 오히려 부담을 주게 되는 일은 아닌지 염려가 된다. 그래서 냉장고에 들어가는 양만큼 우선 넣는다.

서툰 글솜씨지만 써보겠다고 토닥토닥 자판을 두드리는 여자 옆에 "여보, 내가 해줄 때 원 없이 많이 먹어요." 남자는 노란 참외를 깎아 하얀 꽃 접시에 담아 옆에 놓아둔다.

달콤한 향내가 나는 참외를 보자 여자는 36년 전 3월, 어느 봄날이 떠올랐다. 첫 아이를 임신하고 처음 입덧을 시작할 때 참외가 너무 먹고 싶어 두 사람은 손을 꼭 잡고 재래시장에 갔다. 참외 철이 아니나 다행히 노란 참외는 빨간 바구니에 얌전히 앉아 기다리고 있었다.

"얼마예요?" "한 개 삼천원이예요." 깜짝 놀랄 만큼 비쌌다. 여자의 주머니에 있는 돈은 삼천 원이 전부다. 여자는 남자의 손을 말없이 끌어당겨 뒤돌아섰다. "비싸도 너무 비싸지?" 여자는 참외 한 개 가격이 비싸다고 작은 목소리로 투덜

거리다 다시 돌아서 참외 장사에게로 향한다. 그렇게 오고 가기를 네 차례, 여자는 부끄러워 "깎아주세요." 모깃소리처럼 작게 말해보았다. 아주머니는 안 된다고 야멸차게 말했다. 여자는 비싸다는 생각을 떨칠 수 없었으나, 참외가 먹고 싶은 마음 또한 멈출 수가 없었다.

기어이 샛노란 예쁜 참외 한 개를 사서 집으로 돌아온 그녀는 야속한 생각에 울음을 터뜨리며 참외를 방바닥에 내동댕이쳤다. 비싼 참외도 야속했고, 깎아주지 않는 아주머니 인심도 야박했고, 끝내 참지 못하고 주머니 속 전 재산으로 참외를 산 그녀 자신도 기막혔다. 남자는 여자가 내동댕이친 검은 봉지 속의 참외를 깨끗이 씻어 "울지 말고, 얼른 먹어."라고 달빛처럼 달랬다. 여자는 금이 가버린 참외를 울면서 꼭꼭 씹어 혼자 달게 먹고 예쁜 딸을 낳았다.

여자는 남자가 깎아다 준 참외를 맛있게 먹으며 그날의 서러웠던 이야기를 한다. 그때 내 주머니에는 삼천 원이 전부였다고…. "그때는 모두 어려웠지." 남자는 여자의 마음을 잊지 않고 여름 내내 샛노란 참외를 사 들고 온다. 싱싱하고 단맛 나는 것으로 골라서. "왜 이리 오래 걸렸어요? 더운데 대충

사서 오지 않고요." "멀리 있을 때는 참외가 달콤한 향이 나는데, 가까이 가면 향이 나지 않아서…." "당신이 사 오는 참외는 모두 달고 맛있어요!"

 과일을 좋아하는 여자를 위해 남자는 집에 과일이 있어도 매일 아침 로컬푸드 직매장을 다녀온다. 남자에게는 한여름의 더운 날씨보다 여자가 맛있게 먹는 모습을 보는 것이 기쁘단다. 여자는 미안하지만 남자의 사랑을 주는 대로 받기로 한다. 기쁘게 받는 것 또한 사랑에 대한 예의라 생각하며….

 아파트 주변에 여러 개의 대형마트가 있으나, 여자가 장보기를 힘들어하자 남자는 혼자 장을 보기 시작했다. 혼자서 마트를 두루 다니며 할인을 많이 하는 곳에서 싱싱한 과일과 채소를 알뜰하게 구매할 줄 안다. 여자는 어쩌다 마트를 따라가는 날, 예전에 남자가 여자에게 물어보았던 것처럼, 이제는 남자에게 물건의 가격이 합당한지 물어보고 구매한다.

 "여보! 나, 병원에 가야 할 것 같아요!" 남자의 뜬금없는 소리에, 자판을 두들기던 여자가 깜짝 놀라 눈을 동그랗게 뜨고 "왜? 어디 아파요?" 남자는 자신의 둥근 배를 가리키며 "아기가 나올 때가 된 것 같아, 만삭이야!" 여자는 눈물 나게 웃는다.

어느 날, 남자는 말했다. "여보, 우리 집에 좋은 일이 많이 생기려나 봐요!" 여자는 무슨 말인가 기대하고 남자의 다음 말을 기다린다. "기쁜 일에 가끔 눈물이 나더니, 요즘은 눈물이 자주 나네요." 눈의 노화로 흐르는 세월의 눈물을 남자는 웃음으로 날린다. 여자와 남자는 달콤한 참외를 먹으며 마주 보고 또 한 차례 웃는다.

여자는 안 먹어도 배가 나오는 남자의 건강이 걱정되어, 먹는 것을 좋아하는 남자에게 오늘도 "그만 먹어요!"를 되풀이하고, 남자는 여자에게 많이 먹으라고 권유한다. 남자는 세상이 불공평하다고 말하며 "여보! 배고프지? 단팥빵 갖다 줄까요?" "아니, 괜찮아요." 여자의 말에 남자는 "당신 배는 마님 배고, 내 배는 머슴 배인가 봐. 나는 안 먹어도 배가 나오네요."

남자는 여자가 좋아하는 단팥빵과 주스를 옆에 가져다준다. 여자는 단팥이 든 빵을 좋아하지만, 단팥빵을 먹으면 방귀를 뀐다. 그래서 먹지 않으려 한다. "팥알만큼 방귀를 뀌면 어떻게요?" 남자는 먹을 때가 예쁘다며 괜찮다고 자꾸 먹으라고 한다. 남자의 말을 철석같이 믿고 여자는 빵을 맛있게 먹는다. 생리현상은 고민하지 않기로 하고.

여자는 간밤에 기침이 나고 목이 건조하여 물을 많이 마셨다. 빈 컵에 물을 수시로 따라주던 남자 덕에 여자는 편하게 앉아 물을 마셨다. 새벽에 여자가 화장실을 다녀온다. 그런데 화장실 문이 덜 닫혔나보다. "전원생활하고 싶었는데, 이젠 이사 갈 필요 없겠어요. 계곡물 소리가 아주 시원하네요." 새벽부터 두 사람의 웃음소리에 민망함은 사라지고 유쾌함만 남는다. 일상의 모든 사소한 것들은 남자의 마음으로 들어가 여자를 위한 웃음이 되었다.

"피곤하지, 어서 더 자! 괜찮아, 더 자!" 시아버지 기일로 한밤중에 도착하여 아침에 일어나지 못하는 여자의 등을 토닥인다. "나는 인제 그만 자고 일어나야 하는데…." 여자는 해야 할 일이 있으나 남자는 편하게 쉬라고 등을 토닥인다. 더울 때는 무리하면 병이 난다며 넷플릭스에서 여자가 좋아할 만한 영화를 찾아 틀어준다. 여자의 8월 여름 더위와 참외에 대한 서럽던 오랜 기억은, 남자의 속 깊은 정에 얼음 녹듯이 모두 녹았다. 9월이 다가오자, 계절은 잊지 않고 아침저녁의 서늘한 바람과 한낮의 따가운 햇살로 과일과 곡식들을 골고루 어루만진다. 열매와 씨앗들은 여름 태양의 뜨거운 열정으로 알차고 달게 익어 모두의 가을 풍년을 넉넉히 준비한다.
그 남자가 이 여자를 사랑하는 마음처럼….

김봉자

꽃 한 송이의 의미

여름 날씨가 갈수록 고약해진다. 시간당 150mm가 넘게 쏟아지는 집중호우와 가뭄, 더위와 수해로 피해를 당하는 사람이 해마다 늘어난다며 뉴스마다 걱정이 한가득하다.

10년 앞을 짐작할 수 없는 시대를 함께 살아가는 사람으로 무거운 책임감을 느낀다. 하여 에어컨을 덜 켜고, 되도록 자동차 운행은 줄이고 대중교통을 이용한다. 주방에서는 최소의 에너지 사용을 위해 여름철에는 국 대신 시원한 냉국과 여름 채소로 음식을 만든다. 내 삶의 태도가 우리가 살아가는 세상에 당장은 큰 도움이 안 될지라도 꾸준히 실천하기로 한다.

2년 전 여름. 시골을 다녀오던 길, 해가 질 녘 산 아래 보라색 꽃들이 별 무리처럼 가득 핀 도라지꽃을 보았다. 아름답고 정겨운 풍경에 길옆에 잠시 차를 세우고 싶었으나, 꼬리를 물고 따라오는 차들로 지나쳐 왔다. 어릴 적 시골에서 흔하게 보았던 도라지꽃이지만 오랜만에 보니 감회가 새로웠다. 집에 도착한 후에도 도라지꽃에 대한 여운이 사라지지 않아 꽃말을 찾아보았다. '영원한 사랑' '존경' '변치 않는 사랑' 도라지 꽃말이 좋아 베란다 한쪽에 두고 오래 보고 싶어 화원에 가보았으나 관상용이 아니라 도라지꽃은 팔지 않았다.

지난해 봄, 상추 모종을 사러 갔던 남편이 검은 봉지에 아주 작은 도라지 모종 다섯 뿌리를 들고 왔다. 미삼 뿌리보다 더 작아 살아남을 것 같지 않았다. '꽃피지 못하고 죽으면 어떡할까,' 걱정이 앞섰다. 사람이든 식물이든 삶에 필요한 것은 알맞은 환경, 사랑이다. 매일 아침 눈을 뜨면 밤새 얼마나 컸을까? 도라지와 눈을 맞추는 시간이 행복하다. 아이들이 모두 크고, 시간 맞춰 출퇴근할 일이 없는 요즘 내가 누리는 호강이다. 몸은 예전처럼 활기차지 않지만 느긋함을 즐기기로 마음먹자 평화로움이 천국이다. 세상은 잃는 게 있으면 얻는 게 있다는 말은 이를 두고 하는 말인 듯하다. 나이 먹는다고 억울해할 일이 아니라는 생각이 든다.

 지난해 여름도 올여름처럼 날씨가 매우 더웠다. 베란다 열기를 식히려 창문을 열고 물을 뿌려보지만 봄에 심었던 꽃상추와 식물들이 더위를 견디지 못하고 녹아내렸다. 작은 이별을 건넬 여유도 없이 죽어가는 식물에 초파리가 날아든다. "자연에는 이성도 선함도 없다."라는 '헤르만 헤세'의 문구가 떠올랐다. 자연에는 순환의 법칙만 있고, 상실의 감정을 느끼는 사람의 마음이 있을 뿐임을 새삼 느끼며 지구온난화의 심각함을 몸으로 체험한다.

 베란다 식물 중 가장 염려되는 녀석은 단연 도라지다. 아무리 아침저녁으로 들여다보고 말을 걸어도 반응이 없다. 실보다 가느다란 줄기가 나팔꽃처럼 자라나 지지대를 세워주었더니 잘 타고 올라간다. 이 삼 일 동안 바쁜 일정에 커튼 사이로 도라지를 보기만 했었다. 녀석들은 여전한 모습이었다. 새벽 바람결에 울리는 풍경소리를 듣고 일어나 베란다로 나가보니, 웬일! 도라지 녀석이 드디어 기적을 일으켰다.

 어제저녁 얼핏 보았을 때도 없었던 보라색 꽃 한 송이가 활짝 피어있다. 마치 샛별이 내려온 듯 아름답다. 실처럼 가

늘고 여린 줄기에 온몸으로 피워낸 꽃 한 송이. 자연의 신비함을 경탄할 뿐이다. '매일 들여다보았건만 네가 꽃을 피우는 순간을 놓쳤구나!' '창문으로 드나들었던 공기와 달빛과 별들이 너를 지켜보았으니, 너의 엄마는 저들이었구나.' 뜨거운 여름 베란다는 꽃 한 송이로 기쁨이 가득 찼다. 여름 내내⋯.

꽃을 피우고 서늘한 가을이 오자 녀석들은 차례로 죽음을 맞이했다. 유행가 가사처럼 '차라리 만나지나 말걸!' 후회하였다. 작은 식물이라도 잘 자랄 수 있는 곳에 뿌리를 내릴 수 있게 두어야 했다는 자책감이 들었다. 나는 상실감과 미안함으로 앞으로 베란다에는 꽃은 기르지 않기로 마음먹었다. 피고 지는 꽃이나, 사람의 죽음이나 마음을 주고 의미를 두는 순간, 상실감을 겪는다는 점은 똑같다. 죽음에는 가볍고 무거움이 없다. 다만 사람들이 가치와 무게를 매길 뿐이다. 꽃들이 그리우면 근처에 있는 농원을 방문하여 실컷 보고 오기로 하였다.

올해 아보카도로 김밥과 샌드위치를 만들고 보니, 가스불도 사용하지 않아도 되고 맛이 훌륭하여 자주 만들었다. 매번 버려지는 커다란 아보카도 씨앗이 안타까워 접시 위에 솜을

깔고 씨앗을 여러 날 두었더니, 씨앗 안에서 작은 촉이 생기며 지구본같이 둥근 씨앗이 조금씩 벌어졌다. 지난해, 도라지가 살았던 화분에 아보카도 씨앗을 심었다.

아침저녁으로 살피기를 한 달쯤. 아보카도 싹이 나오기 시작하더니 자고 나면 쑥쑥 자라고 있다. 씨앗의 크기만큼 싹이 자라는 속도도 빠르다. 다시는 식물을 키우지 않겠다던 기억은 잊고 녀석의 신통방통한 성장에 나는 또 행복한 꿈을 꾼다. 음식물 쓰레기통으로 버려질 수도 있었지만, 마음과 의미를 주는 순간, 특별함으로 다가와 가슴 가득 행복한 등불을 달아준다.

자칫 매일 반복되는 하루가 될 수 있지만, 식물들과 맑은 아침공기 속에 오늘 하루를 처음 받는 선물처럼 감사히 받는다. 나는 매일 아침, 기도와 명상으로 나를 깨운다. "세상에서 가장 중요한 때는 지금. 바로 이 순간이며, 가장 중요한 사람은 지금 함께 있는 사람이고, 가장 중요한 일은 지금 내 곁에 있는 사람을 위해 좋은 일을 하는 것이다."라는 '톨스토이'의 『세 가지 질문』속 이야기처럼 지금, 이 순간이 가장 소중한 시간임을 기억하며 감사한다. 진정으로 행복해지기 위해 나와 주변의 사람들과 시선이 머무는 모든 것들을 사랑한다. 나의 삶이 더 평화로워지도록 많이 웃고, 사랑하고, 배우며, 나를 더 많이 이해하며 어린 시절 별밤을 품은 마음으로 돌아간다.

지난해까지는 현실에 부족한 것들을 위한 강구의 기도를 했다면 이제는 무한의 시간 속에 내가 잠시 누리는 것들과 모든 순간순간에 대한 감사의 기도를 한다. 삶은 누구도 가르쳐 주지 않아 불안하지만, 스스로 배우며 찾아가야 하는 여행이라는 것을 안다. 삶을 찾아가는 길이 서툴러 많은 고뇌의 시간이 있었으나, 이제 읽고 쓰면서 나와 세상을 사랑하며 나의 리듬에 맞게 두려움 없이 길을 만들어 간다. 뒤에 남은 발자국이 삐뚤빼뚤할 수도 있다. 그래도 괜찮다. 나의 마음을 거울처럼 순수하게 만나는 순간이 행복하다. 그 순간은 찰나처럼 스치지만, 기쁨으로 나를 꽃피게 한다. 비록 꽃 한 송이일지라도, 그 여름 베란다를 가득 채운 감동의 도라지꽃처럼….

김볼자

유일무이한 나

나날 북클럽에서 나를 나답게 만들며 삶을 단단하게 살아갈 수 있는 안내서 같은 책을 만났다. 인생을, 바다로 은유적으로 표현한 아름다운 철학책, '로랑스 드빌레르'의 『모든 삶은 흐른다』이다. 이 책은 삶의 지표가 필요한 사람에게 "삶은 내 의지대로 살아가는 것이 아니라 그저 흘러가며 사는 것"이라고 말해준다. 만약 삶에 대한 통찰력이 필요한 마흔의 내가 이 책을 만났다면, 나는 더 성숙하게 삶을 대하지 않았을까. 미래에 대한 불안과 두려움으로 삶을 쓴맛으로 채우는 대신, 씨를 뿌려 싹이 트고 꽃이 피기를 희망으로 기다리는 시간으로 말이다. 그랬다면 '삶을 단맛으로 느낄 수 있었겠다'

라는 생각을 해본다. 그리고 세상 유일무이한 나의 이야기는 어떻게 바뀌었을까.

나는 삶을 있는 그대로 받아들이기까지 긴 시간이 필요했다. 세상도, 삶도 불완전함을 느끼며 '더 빨리 가졌으면, 더 많이 가지면 행복할 텐데….' 불안과 조바심으로 자신을 옥죄며 조급한 마음으로 살았다. 삶은 길처럼 오르막과 내리막을 만날 수 있다는 것과, 강물처럼 흐른다는 것을 무시하고, 잘난 척하며 내 뜻대로 하고 싶어 온몸에 힘을 주고 버텼다. 때가 되면 꽃이 핀다는 그때를, 내가 만들어 보겠다고 우겼다. 파도가 파도소리를 삼키는 것처럼 내 목소리만 들었다. 삶의 진정한 행복은 그렇게 쟁취되는 줄 착각하며, 내가 나의 쉰 이전의 삶을 힘들고 지치게 했다.

우직하게 세상의 한복판에서 사랑으로 가정을 이끌어온 남편이 약 30년간 다니던 직장에서 퇴직했다. 남편은 잠시 삶의 방향을 잃은 듯 새벽마다 산을 탔다. 나는 그동안 애써온 남편에 대한 깊은 감사와 안타까움으로 가슴이 아렸다. "삶이라는 바다 한가운데서 그 어떤 폭풍우가 몰아치더라도 육지에 다다를 때까지는 절대 포기하지 마라."라는 '로랑스 드빌레르'의 말처럼 남편을 따라 나도 등산을 나섰다. 남편의 외로운 시간을 함께 바라보며 우리가 맞이한 풍랑이 잔잔한 파도가 되기를 기다렸다. 누구나 한 번씩은 어느 시점에서 겪어야 하는 힘든 시간을 건너고 나면 삶은 더 단단해지리라고 믿었다.

'로랑스 드빌레르'는 "인생은 멀리 떠나는 항해와 같다."라고 말한다. 100세 시대를 앞둔 요즘을 두고 한 말 같다. 퇴직 후 늘어난 노년의 삶을 '어떻게 살아야 잘사는 일인지, 나답게 살기는 어떻게 준비해야 하는지'는 모든 사람의 화두가 되었다. 방황하지 않고 건강하고 행복하게 살아가는 방법은 우선 몸과 마음이 건강해야 한다. 건강은 적금처럼 젊었을 때부터 꾸준히 관리할 때 우리의 희망을 배신하지 않는다. 길어진 수명에 비례하여 삶의 질에 더 집중해야 한다. 나는 정신건강을 위해 감사한 마음으로 살기를 첫째 목표로 삼았다.

세월 지나도 변하지 않은 듬직한 바위 같은 남편이, 퇴직 후 흔들리는 모습을 보며 "인생이란 한순간이고 확실한 건 아무것도 없다."라는 말이 생각났다. 나는 삶을 건강하게 변화시켜야 한다는 위기감을 느꼈다. 책을 읽으며 "이미 있는 것들에 감사하면, 좋은 것들이 더 많아지리라"라는 문장을 보고 하루 다섯 가지 감사한 마음을 기록하는 '감사 일기'를 썼다. 놀랍게도 시간이 흐르며 감사한 마음이 일상의 삶을 긍정하였다. 어느 순간, 거울 속의 나는 혼자 웃고 있었고, 있는 그대로의 나를 받아들였다. 나에게 주어진 조건들은 변함이 없음에도 삶은 편안해지고 행복해졌다. 삶의 비밀을 뒤늦게 터득하며, 세상은 아름다움으로 가득했다. 매일 똑같았던 하루가 특별한 선물이 되었다.

이른 아침 수정같이 청아한 풍경 소리와 함께 어우러지는 새소리에 잠을 깨고 맑은 공기와 상쾌한 바람에 몸과 마음을 맡긴다. 이 순간에 느끼는 편안함과 고요함으로 나는 더 이상 욕심낼 것이 없다는 사실을 알았다. 매일 자연에서 느끼는 평화로움으로 얻는 행복한 삶이라면, 남은 삶의 시간에도 마음 건강은 충분할 것 같다. 나 자신을 이해하며 정서적 마음관리로 느끼는 자유로움은, 나의 본성을 만나게 되는 순수의 순간이 된다.

나는 일상이 충만함을 유지하기 위해 현실에 감사하며 '감사의 마음 근육'을 단련시키고 있다. 삶은 좋은 것을 나눌 때 사람들은 더 행복해진다는 것을 알고 있었지만 실천하고 있지 않았다. 그러나 요즘은 아침명상과 감사기도를 하며, 매일 천 원을 '감사함'의 봉투에 넣는다. 한 달 3만원, 적은 금액이지만 필요한 곳에 보낸다. 이 루틴은 살아있음에 대한 행복과 감사함을 알아차리는 나만의 작은 실천이다. "우리의 삶도 쉬지 않고 움직이는 바다와 같다."라는 '로랑스 드빌레르'의 말처럼 우리는 살아있는 동안 현재에 충실하며 물결처럼 함께 어울리는 마음 자세가 필요하다.

하나 더, 건강한 취미생활로 노년의 삶을 더 윤택하게 지낼 수 있다. 나는 '북클럽'을 통해 매일 조금씩 책을 읽고 주 1회 줌(zoom)으로 만나 '논제'로 서로의 생각을 나눈다. 나와 다른 사람들의 생각을 듣고 수용하며 다름을 이해하고 배운다. 책을 통해 사고의 확장과 다양한 간접경험의 자유를 누리며 삶의 진정한 가치 찾기를 조금씩 실천한다. 또한 읽고 쓰는 시간은 경제적 갈증으로 힘들었던 지난 시간을 치유하고, 자신을 너그럽게 포용하는 성찰의 기회를 준다. 좋은 취미는 정신건강과 정서를 안정시켜, 삶이 성장하고 단단해진다.

나의 생활 습관 중 가장 심각한 것은 몸 건강이다. 혼자 하는 외출을 싫어하여 요즘은 신체운동을 하지 않고 있다. 집안에 운동 기구를 두었지만 5분을 넘기지 못하니, 근육은 점점 약해져 몸을 조금만 움직여도 무릎과 손목 등 관절이 아프다고 은근히 압박해 온다. 자연히 소파에 앉아 있는 시간이 많아지고, 예전의 꼿꼿함을 유지하던 척추는 온데간데없다. 한순간에 두루뭉술한 배가 주인공처럼 앞으로 나서니 깜짝 놀랄 일이다. 건강한 노년을 위해 운동은 필수, 규칙적인 운동 루틴을 빨리 만들어 몸 건강관리부터 해야 한다.

산수유 나뭇잎 사이로 제법 큰 초록색 열매가 조롱조롱 많이도 열렸다. 8월 더위가 한풀 꺾이니 나뭇잎은 싱싱한 기운을 누그러트리고 열매에 햇살 길을 만들어 준다. 가지와 가지 사이에 거미는 하얀 거미줄을 만들어 놓고 누군가를 기다리고 있다. 여름비에도 거미줄은 유연하게 남아 작은 빗방울이 등불을 달아놓은 듯 아름답다. 비가 그치고 밝은 햇살 아래 작은 개미가 담벼락 사이 굴에서 나와 줄을 지어 길을 나서는 모습이 사람 사는 모습과 흡사하다. 비 오는 동안 기다리다 오랜만에 식량을 구하러 가는 듯하다.

이처럼 나무도 나무의 삶이 있고, 거미도 거미의 삶이 있고, 개미도 개미의 삶이 있다. 삶의 진실은 우리가 모두 처음부터 가치가 있는 유일무이한 존재라는 것이다. "삶은 당신에게 이미 주고자 하는 걸 모두 주었다"『모든 삶은 흐른다』에서 '로랑스 드빌레르'가 말했듯이 나에게 필요한 것은 이미 내 안에 모두 있음을 믿자. 나의 가치를 기억하고 비 오는 날 우산과 장화와 우비를 준비하듯 건강한 취미로 마음 건강을 챙기고, 규칙적인 신체활동으로 몸 건강을 관리하여 유일무이한 나의 삶이 즐겁고 행복한 여행이 되도록 하자.

김봉자

꿈을 위한 두 번째 학기

아이 셋 공부가 모두 끝나니 원하지도 않았던 나이가 턱 하니 내 앞에 와 있어, 정신이 번쩍 들었다. 아이들 학비를 마련하고, 생활 전선에 있어도 마음 한켠엔 내가 원하는 삶에 대한 미련이 남아 있었다. 십 대부터 지금까지, 나는 바라는 삶을 제대로 살아본 적이 없었다. 어느 날, 내 마음이 '이게 정말 너의 인생이니?' 하고 물어오면 고개가 옆으로 저어졌다. 대학원을 가겠다고 아이들에게 이야기하니 모두 환영했다.

야간 대학원에서 미학을 공부하며 박사과정을 도전하고 싶었다. 그때는 한 아이만 결혼한 상태라 가정이 안정이 덜 되었고 내 욕심만 차리는 거 같아, 그 공부는 뒤로 미루었다.

평소 십 대부터 취미로 써오던 시로 시인 등단을 하였다. 하늘의 별을 딴 듯한 큰 기쁨이 나를 채웠다. 시인은 내 평생의 꿈이었다. 첫 아이를 낳아서 가슴에 품을 때 아기의 팔딱거리는 심장 소리를 잊을 수 없었다. 나를 통해 세상에 나온 아이를 잘 키워보고 싶었듯이 시인에 대한 마음의 약속도 내게 그렇게 다가왔다. 생활 전선 한가운데서 시를 쓰고, 시를 공부하며, 내가 세상 나올 때 가지고 온 성정과 재능을 꺼내 보고 싶었다.

평소 일하던 자세로 시를 쓰고 발표를 하려니 마음만큼 쉽지 않았다. 혼자 공부를 해보니 자신을 속이는 일이 많아졌다. 아직 실력이 부족했다. 욕심으로 바라는 시인은 되었으나 부족한 공부는 스스로 해야 했다. 책을 한두 권 더 읽는다고 해서 실력은 나아지지 않았다. 내 마음이 바라는 건 시에 대한 기초를 만드는 인문학 관련 공부였다. 내가 평생 꿈꿔 온 시인의 길을, 스스로 만족할 수 있도록 한 걸음씩 만들어 가고 싶었다. 그 길의 기초를 닦기 위해 시작한 공부가 '나날 북클럽'을 만든 계기였다.

『북클럽 사용 설명서』라는 책으로 온라인에서 저자님과

북클럽 수업을 하였다. 북클럽의 의미와 운영, 비전, 우리나라의 실태를 배우며 사명감이 생겼다. 기초 공부를 다져가는데 배워서 잘해보고 싶었다. 회원들과 교감, 책 선정부터 책 읽는 방법까지 세세한 수업으로 이어졌다. 실전에서는 어려움이 있어 '북클럽 논제연구원'으로 더 실력을 다져갔다.

나의 북클럽을 위하여 어떻게 더 나아지고 싶은지를 혼자 묻고 답하며, 기대가 되었다. 날마다 충실하게 살고 싶은 마음에서 이름을 '나날 북클럽'이라 지었다. 자기를 향한 발돋움, 그리고 정체성의 의미에 중점을 두었다. 나의 인문학 공부는 북클럽에서 그렇게 출발하였다.

북클럽은 언제나 제시간에 운영되었다. 학교 공부는 아니지만, 어른의 공부로 시작이 되어 쉼 없이 이어갔다. 모두가 바쁜 직장인, 전문직, 주부다. 힘든 생활 속에서 약속을 지키려고, 일주일에 한 시간씩 이른 새벽 눈을 비비며 줌으로 만났다. 나 역시 책을 읽는다고 당장 실력이 좋아지는 것도 아니나 지금껏 내 방향은 흔들림이 없었다.

'시를 위한 공부'는, 곧 '내 삶을 다지는 공부'가 되었다. 책은 시 쓰기를 뛰어넘어서 뒤틀리고 옹졸한 마음을 다림질해 주고, 내 삶에 뿌리를 내리는 사유의 시간을 만들어 주었다. '나다움'을 향한 시적 사유 속에서, 시는 내 삶을 읽어내는 에너지였다. 북클럽을 통하여 고전과 철학, 역사와 문학을 두루 읽으며, 주어진 책으로 성장해 나가는 한 팀이 꾸려졌다.

삶이 충만해진다는 건, 내면의 에너지가 현재의 삶으로 이어지는 깨달음이다. 마음이 느끼는 선물이다. 소망이나 가치는 눈으로 볼 수 없으나 느낌이 성찰로 이어지는 흐름은 내가 살아가는 이유가 된다.

자신을 향한 삶은 책이라는 매개체를 통해, 읽고 쓰고 말하고 듣는 사이 내 안의 상처와 화해가 되고, 치유 속에 스며든 내 안의 에너지는 긍정의 힘을 키워준다.

오십 대, 육십 대를 지나며 가족들이 하나둘 둥지를 떠날 준비를 하는 동안, 나는 나만의 삶을 새롭게 만들어 가고 있다. 스스로와 동행하는 삶 속에 펼쳐진 '북클럽'은 나를 공부시키는 두 번째 학기다.

아이를 키워보면 사랑과 정성은 이삼십 년이 넘는다. 이제 나에게는 아이를 키웠던 마음을 다시 꺼낸다. 울고, 떼쓰고 엄마를 찾고 배고파하고 보채는 시간, 그게 내 안의 모습이다. 알면서도 눈 감았고, 바빠서 여유가 없었고, 그냥 밀쳐둔 내면을 안아주고 얼러주고, 동행하는 삶이 북클럽이 되었다. 한쪽 구석에서 웅크린 나를 만나는 시간에 늦음이 없다. 그냥 살아가면 불쌍한 내가 되어버린다.

    북클럽을 하면 남이 한 번 읽는 책을 나는 두 번 정도는 읽어야 논제를 만들 수 있다. 논제를 만들 때는 밤 깊어지는 줄 모를 때가 있다. 달리기를 처음 하면 숨이 차지만 습관이 되면 그 운동이 기다려지고 단련이 되듯 북클럽을 향한 나의 열정도 그렇다.

    북클럽이 목표와 꿈이기 전에, 책과 마주하는 변화 속에서 삶이 다듬어져 가는 과정을 마주하게 한다. 그 갈고 닦는 삶의 중심에는 다름 아닌 '나 자신'이 서 있다.

    시카고 대학의 허친스 총장은 삼류대학인 이 학교를 일류대학으로 만들기 위해 「시카고 플랜」을 만들었다. 그의 '위대한 고전 100권(great books)'은 학생들이 졸업 전에 읽어야 하는 책들이다. 이 프로그램은 사고력을 키워, 노벨상 수상자를 대거 배출하는 명문대학으로 만들었다.

    북클럽은 책을 통하여 성장하는 소중한 각자가 된다. 내가 바로 서는 길은 자기를 향한 공부와 변화다. 그 자존감은 긍정적인 사고력으로 다져지고 자기를 돌볼 수 있는 힘이 될 것이다.

김춘자

한 권의 책, 사람의 성장

해마다 연말이나 연초가 되면 계획을 세우고 꿈과 비전이 생긴다. 숨어 있던 꽃사과 붉은 열매에, 바람이 불어 잎사귀는 뒤로 젖히고, 온 열매는 다홍빛으로 가을을 물었다. 가을은 결실을 보여주어서 우리 삶을 뒤돌아보게 한다.

봄의 새싹 속에서 시작된 희망이 가을이 오면, 계절은 열매를 품고 있어서 부럽다. 이름 모르는 나뭇가지에 열매들이 매달려, 신비스러운 자기만의 모습으로 모양과 색깔도 제각각이다. 자연은 자신의 온몸을 드러내고 보여주며 온전한 모습으로 우리 앞에 선다. 그래서 자연은 언제나, 우리 삶의 스승이다.

개인의 계획은 각자 다를 수 있지만, 올 새해 우리가 운영하는 '나날북클럽'에서 '공동저서'를 써보자는 약속이 있었다. 진작의 바람이 이루어지는 뜻깊은 해였다. 매주 금요일마다 한 시간씩 줌으로 북클럽을 하였다. 그동안 우리의 언어는 읽고 쓰고 말하고 듣기까지였다.

공동 저서를 어떻게 써갈지에 대한 논의는 4월부터 본격화되었다. 독서 에세이는 몇 편으로 할 것인지, 그림은 무엇을 넣고, 각자 몇 편의 글로 구성할지 다양한 의견과 질문들이 오갔다. 어떤 일이든 말하기는 쉬워도 행하기에는 어려움이 있다. 돈이 바로 생기는 것도 아니고, 때로는 책을 읽는 것으로도 버겁다. 그래도 우리는 잠시 짬을 내어 토론하며 의미 있는 공동저서를 쓰게 되었다.

우리는 한 권의 책을 읽지만, 북클럽을 하게 되면 다른 사람의 발표를 통하여 내 사고의 폭도 넓어진다. 책을 읽는다는 건 앎의 길이기도 하지만 자신과의 여행이고 대화이다. 자기를 알아가는 인생 여정은 수없는 자기 수정의 눈을 키우게 된다. 책은 나를 보는 지성이며 내 목소리대로 나를 다듬어주며, 인생의 다음 역을 향하는 여행이다. 책이라는 도구를 매개로 한 북클럽은, 함께 떠나는 여정인 동시에 혼자하는 여행이 안전하도록 지켜 주는 길이 되어 준다.

  책을 읽기만 하면 소비자로 그친다. 쓰기까지 해보는 순간, 자신에 대한 정리와 치유는 물론, 누구도 살아주지 못하는 자신의 함정과 상처, 벽 속에서 허우적거리는 자기를 볼 수 있는 힘이 길러진다. 이런 과정을 통해 다른 누군가를 위한 도움을 주는 사람이 될 수 있다.

  읽기 싫은 책도 발표를 위해서는 참고 읽어야 하고, 바쁜 시간에도 목표한 만큼 책을 읽으려 애쓰고, 고단하고 바쁜 일정을 빼서 이른 시간에 눈뜨는 습관도 생겼다. 변화는 하루아침에 오지 않으나, 회원들은 좋은 책을 많이 읽고 싶어 하는 욕심도 생겼다.

  당장 급한 일이 많은데도 책을 우선순위에 두는 건 쉽지 않다. 미쳐 책을 덜 읽었으면 꾀도 부리고 싶다. 줌 수업도 그렇지만, 월 1회의 일정한 오프 모임은 가장 맛있는 기다림의 시간이다. 독서의 필요성을 앞세워서 우린 얼굴 보기에 발동이 걸렸다. 우리가 북클럽 수업을 온라인이든 오프 모임이든 가슴 설레게 기다리고 준비하는 이유는 각자 자신에 대한 목마름 때문이다. 그 안에는 미래에 대한 준비와 두려움, 독서에 대한 갈증, 자신의 꿈을 알아가는 여정과 같은 나름의 이유가 담겨 있다. 오프모임을 하는 날에는 도서관 방문, 공연, 전시회도 곁들여진다. 맛집을 찾아가는 것도 소중한 즐거움이다.

오프 모임에서도 논제를 이어가는 맛이 있다. 책을 가져오고, 함께 사진도 찍는다. 먼 곳을 갈 때는 차 안에서도 자연스럽게 책 이야기로 대화가 이어지고, 그 이야기는 우리 삶의 생활적인 이야기로 이어질 때가 많다. 특히 소설을 읽은 후 토론 시간은 각자의 경험과 생각이 풍성하게 쏟아져 나오는 소중한 시간이다. 내 목표는, 회원들이 서서히 각자의 북클럽을 준비하도록 당분간은 지금 모습대로 해 나갈 생각이다. 북클럽은 가족끼리도 되고, 친구끼리도, 나처럼 온라인 모집도 좋다. 나는 가까운 지역 중심을 하여 온라인과 오프라인을 겸하니 만남에 구애받지 않은 장점이 있다. 직장인이 점심시간이 짧을 때는 그 지역으로 한 번씩 가기도 한다. 북클럽은 관심 영역이 책이고, 토론과 질문이 기반이 되는 활동이기 때문에 다양한 방식과 환경 속에서도 충분히 수용이 가능하다.

꾸준히 책을 읽어 본인이 변화되면, 결국 가족도 함께 변화하게 된다. 변화란 자기를 알아가는 과정에서 점점 나에 대해 깊어지는 일이다. 내가 무엇을 해야 하는지를 아는 것은,

자신의 존재감이고 자신에 대한 존중이 된다. 앎의 시작은 관심과 궁금함이며, 나 스스로에 대하여 올바른 관계 형성이 되어준다. '숨은 나'에 대해, 크고 작은 모습을 알아가는 일이다. 특히 책 읽는 습관의 문제는 혼자는 힘이 들어, 북클럽은 '자신을 향한 1대 1 학습프로그램'처럼 작용한다.

우린 어른이고, 성인이다. 성인 공부를 평생 하는 곳이 우리나라는 없다. 잘 나이 듦을 배우는 길이 필요하다. 내가 옷 한 벌을 우아하게 입고, 밥 한 끼를 맛있는 곳으로 가 먹는다 해도, 내 삶은 변하지 않는다. 인생의 밑그림은 곧 나의 생각이며 꾸준함이며 실천을 통한 자기표현이다.

북클럽 속에 꾸준한 토론과 가치를 가지고 없는 듯이 이어나갈 수만 있다면 이는 곧 자기를 살피는 일이 된다. 나를 채워가는 가운데 자신의 결을 만나지는 삶이 아름다운 동행이며, 그 여정의 방향성을 나다움이라 부를 수 있다.

요즘은 지자체에서 운영하는 도서관도 많고 책 읽을 기회가 많은데도 사람들은 수월한 길로 간다. 책을 멀리하는 것이다. 내가 책을 멀리하면 가족도 책을 멀리한다.

올해는 북클럽 공저 계획이 첫 실천에 옮기는 의미 있는 해이다. 처음 시작해 본 '나날 북클럽' 공동 저서가 된다. 첫

걸음이다. 개인의 성장과 팀의 성장이 맞물려 있다. 글을 쓴다는 게 자신의 마음을 밖으로 드러내는 일이라 쉽지는 않을 것이다. 우린 부족하지만 이게 습관이 되도록 해 나가려 한다. 그만큼 우리는 삶을 더 의미 있게 살아가고 싶은 욕구를 품고 있으며, 이 과정은 성찰하는 나다움의 성장과 성숙이 되리라 여겨진다.

괴테는 말했다. "아는 것만으로는 부족하다. 적용해야 한다. 의도로만 충분치 않다. 실천해야 한다"라고. 책 읽는 마음과 글을 쓰는 자세 안에는 우리의 간절함이 담겨 있다. 내가 누구이며 어디를 향하고 있는지, 그 열정과 신념은 결국 우리가 원하는 방향으로 나아가게 하는 힘이 될 것이다.

김순자

부모의 손길, 아이의 뿌리

오늘날 우리는 모두 바쁘다. 아이도, 부모도 쉼 없이 달리며 살아간다. 과거에는 남편이 벌어오는 돈으로 가정을 유지하고 꾸려갔다면, 지금은 여성 또한 사회 속에서 역할을 담당하며 가정과 일을 병행한다. 이것으로 인해 부모와 아이 모두가 감당해야 할 부담은 커졌다. 여성의 사회 진출로 아이들이 자라는 환경은 크게 달라졌다. 엄마는 더 이상 아이만의 엄마가 아니라, 한 인간으로서 자기 삶을 살아가야 한다. 동시에 아이의 정서적 안정과 가정의 돌봄은 여전히 어렵고도 중요한 과제다.

가정은 단순한 생활공간이 아니라, 사랑과 배움이 이루어지는 정서적 울타리이다. 아이의 건강한 성장을 위해 필요한 것은 물질적 풍요보다 안정된 환경과 부모의 관심이다. 하지만 현실은 부모가 사회적 역할을 감당하느라 정작 아이에게 충분한 정서적 안정감을 주지 못하는 경우가 많다. 불안정한 환경은 아이들의 마음에 쉽게 불안을 남긴다. 아이들은 부모의 말과 행동에서 삶을 배우며 자라게 된다.

'세 살 버릇 여든까지 간다.'는 속담처럼, 어린 시절의 환경은 습관도 되겠지만 정서로 남아 소중하다는 뜻이다. 부모가 지치고 불안하면 그 영향은 고스란히 아이에게 전해진다.

나는 어린 시절 부모님의 다툼이 있는 가정에서 자랐다. 그 시끄러운 소리를 목격하면 가슴이 떨리고 불안한 적이 많았다. 학교에서 공부할 때나, 친구들과 놀다 가도, 시도 때도 없이 불안한 마음으로 가슴이 콩콩 뛰었다. 그럴 때는 부모님 싸움하는 환청이 들리듯 하였다. 숨 쉴 사이도 없이 집으로 급히 달려간 적이 있다. 어린 내가 할 수 있는 일이 아무것도 없는데, 그 불안은 오래 남아 나를 쓸쓸하고 외롭게 했다.

결혼하여 아이를 키우면서 스스로 살피고 치유하는 데 오랜 시간이 걸렸다. 결혼하기 전 남편과 약속을 한 것은 '아이들 앞에서 싸우지 말자.', '싸우더라도 한방에서 같이 잠을 자자.'였다. 지금은 부모님께 감사하지만, 젊을 땐 준비되지 않은 내 삶을 살아내느라 바빴고, 얽힌 상처는 쉽게 사라지지 않았다.

부모가 하루하루 바쁘게 살더라도, 대화와 관심, 꾸준한 돌봄이 아이들의 미래를 바꾸는 힘이 된다. 청소년 시기에는 더욱 그렇다. 학업과 교우관계 속에서 흔들리는 아이들에게 가정의 안전한 피난처가 필요하다. 현실에서 많은 청소년이 외로움과 불안을 겪는다. 아이들의 환경에서 가장 중요한 것이 '정서적 안정'이라고 생각한다. 하루에 단 10분이라도 부모와 함께 할 수 있는 게 무엇인지 생각해 보았다.

'멀리 가고, 좋은 부모가 되고 싶으면 책 읽는 환경을 만들어라.'라고 권하고 싶다. 이건 부모의 결심과 습관의 문제이다. 성장기 환경에서는 돈보다 따스한 부모의 관심이다. 부모가 할 수 있다고 생각하면 가능한 일이다. 책은 어릴 적부터 함께 가지고 놀 수 있는 장난감 도구가 되면 좋다. 어릴 적 습관은 꾸준함으로 이어지기 때문이다.

우리가 아는 빌 게이츠도 "오늘날의 나를 만든 건 책이다."라고 하여 독서 습관을 말해주었다. 데카르트는 "좋은 책을 읽는 것은 지난 몇 세기에 걸쳐 가장 훌륭한 사람들과 대화하는 것과 같다."라고 하였다.

사람 사는 일은 시간이 쌓으면 결과로 나온다. 가정은 진실을 배우는 학교다. 부모가 아이를 잘 키워보고 싶은데 경험은 부족할 수 있다. 책이 매개체가 되어 주면 수월할 수 있다.

아이의 적성과 재능은 책을 통하여, 부모와 아이의 피드백으로 찾아갈 수 있다. 세상에 온 귀한 자신의 분신이 즐겁고 건강하고 행복하게 살 수 있는 환경을 누구나 원한다. 책을 함께 읽고 대화하는 습관은 아이의 마음을 지켜 주는 길이고, 안정감 있는 정서를 뿌리내리게 할 것이다.

오늘 아이 마음이 어떤지, 내 마음은 어떤지, 책 읽는 공간은 부모와 아이가 함께 성장하는 시간이다.

가정은 아이가 세상을 살아가는 첫 학교다. 부모가 아이에게 모든 답을 줄 수는 없다. 또 알지도 못한다. 함께 방향을 고민하고 생각을 키우며, 함께 건강한 어른이 되어 가는 곳이 가정이다. 또한 나의 아이가 독립된 존재로 성장하도록 연습시키고, 응원하며 지지하는 곳이 가정이다. 가정은 그 신선한 시작을 아이가 느끼도록 힘찬 출발이 되어준다.

우리는 아이의 부모 이전 한 개인이다. 개인이 건강하고 협력하는 작은 팀의 아름다운 공간으로 만들자면 성장이 필요하다. 수없이 넘어져도 일어날 수 있는 곳, 응원과 지지, 용기를 배우는 곳이 아름다운 가정의 역할이다.

부모와 아이들이 함께 책 읽는 환경을 고민해 본다. 아이들에게는 정신적 성장과 안정감이 뿌리내리는 공간이며, 부모에게는 바쁘게 돌아가는 인공지능 시대를 대비하는 공부가 된다. 아이와 어른은 함께 자라고 소통의 공간이 가정이며 그 중심에는 책 읽는 시간이 있다.

아이들은 안정감을 느낄 수 있을 때 비로소 성장한다. 결국 건강한 가정환경은 부모의 태도에서 비롯된다. 부모 또한 자신의 삶을 주체적으로 살아가는 배움의 여정 속에서, 아이들은 정서적인 안정과 더불어 미래를 꿈꿀 수 있다. 책을 읽는 부모의 모습은, 아이에게 가장 따뜻한 가르침이자 좋은 습관이 되는 가정의 풍경으로 남을 것이다.

김춘자

영혼의 한 사람

멀리 떠난 그는 내 삶에 흔적을 남겼다. 마치 서류 마지막 장에 도장을 찍듯, 그의 존재는 내 인생에 지울 수 없는 영향을 주었다. 말이 적었기에 더 많이 배울 수 있었고, 떠나기 전 나에게 참 많은 것을 남겨 주었다. 아이 셋을 두고, 내가 글을 쓰는 일을 응원해 주었으며, 무엇보다 나를 믿어 주었다. 우리는 서로에게 마중물이 되어주었다.

아이 셋을 키우며 가끔은 남편의 모습이 떠오르지만, 미치도록 보고 싶은 적은 없었다. 다만 그가 있었다면 어땠을까, 그의 입장과 나의 입장을 번갈아 헤아리며 아이들을 길러 왔다. 그런데도 문득 눈물이 난다. 떠나갔지만 언제나 내 곁에 머무는 사람 같기도 하고, 또 너무 멀리 가버려 홀로 생각하는 것 같기도 하다. 내 곁에 있어도 내가 알아주지 못해 서운했을지도 모른다. 그는 여전히 내 마음이 머무는 곳에 있다.

사람과 사람의 관계는 눈에 보이는 것만이 아니다. 떠나 있어도, 내 마음 그 자리에서 그대로 만날 수 있다. 혼자 음미하고, 혼자 떠올려도 괜찮은 사람, 그래서 혼자 있어도 결코 혼자가 아니다. 그는 내가 글 쓰는 걸 좋아했다. 그것으로 대화가 이어졌고, 만남이 이어졌다. 글이 나오지 않으면 남편의 책상에 앉아 졸라보기도 하고, 가르쳐 달라고도 하고, 없는 사람을 데리고 멀리 여행도 하고, 카페도 가서 앉아 있어도 보는데, 언제나 내 편인 사람이라 영혼은 어느 정도 함께하지 않을까 싶다. 가끔 어려움이 있을 때 그에게 물어본다. 한 번 다녀가면 어떠냐고, 조르고 졸랐다. 한 시간만 다녀가라고.

셋째 아이 결혼식 때였다. 음치인 나도 노래가 부르고 싶었다. 아니 며칠간 흥얼거렸다. 그리고 아들을 보고 혼주 측 덕담 시간에 "엄마가 노래를 부르고 싶다." 하니, 아들은 "엄마가 노래를 부르면 아마도 손님들이 슬퍼할 것"이라 하였다. 대중가요도 아름답다고 느낄 때가 있었다.

꽃밭에 앉아서

꽃잎을 보네

고운 빛은 어디서 왔을까.

아름다운 꽃이여

이렇게 좋은 날에

이렇게 좋은 날에

그님이 오신다면 얼마나 좋을까.

그가 없는 자리가 많이도 슬펐다. 잘 자란 아들의 늠름한 모습을 보고 덕담 한마디가 아쉬운데. 결혼식 때, '한 시간만 다녀가면 안 되는 건지' 그 간절함을 편지로 읽었었다. 하늘과 땅은 너무 먼 거리였다. 지난해 결혼한 딸도 결혼식 신부 입장 때 딸은 "아빠를 생각하며 혼자서 걸었다."라고 하였다.

무겁지 않은 영혼 안에 그는 나를 떠났는지 모른다. 가끔 사진을 볼 때 나는 그의 눈을 살피는 버릇이 생겼다. 나를 보고 슬퍼하는 눈빛이 보일 때도 있고, 화가 난 것 같은 눈빛은 평소 그답지 않다는 생각에 내 삶을 살펴보게 된다. 눈길이 편안해 보일 때는 내가 제대로 살아가나 싶어서 기분이 좋아진다.

사람 마음은 이상하다. 세월이 가도 변하지 않은 사람, 언제나 그 자리에서 나를 바라보는 사람이다. 내가 하는 일을 들어주고, 내 편이 되었지만, 나와 함께 한 시간은 20년이고, 그가 떠난 지도 25년이 지났다.

우리에게 가장 큰 의미는 무얼까 문득 생각해 본다. 부부였지만, 그보다 더 깊은 의미는 아이들을 함께 키운 시간에 있었다. 나는 간섭하고 잔소리하는 엄마였고, 그는 아이들을 지지하고 응원하는 남편이었다. 부부의 이름으로 서로 헌신하며 살아낸 시간이 있었다. 서로 부족분을 채우려 애썼다. 아이들을 키울 때 서로의 마음을 읽고, 서로를 지켜주는 힘이 되었다.

둘째가 초등학교 이 학년 때다. 수학을 칠십 오점을 받아와 내가 회초리를 들었다. 아이를 혼내고 때려준 게 마음 아팠다. 남편에게 집에 이런 일이 있었노라고 미리 전화를 해두면 남편은 퇴근하여 그 아이를 먼저 살폈다. 아이의 마음을 읽느라고, 업어주기도 하고, 방에 데리고 가 아이의 이야기를 다 들어주어, 활짝 웃으며 거실로 나오면 아이는 나에 대한 두려움이 없어졌다. 큰아이가 공부할 때도 힘들까 봐 아이와 많은 이야기를 들어 주는 남편이었다. 큰 애가 사춘기가 왔을 때다. 비싸서 안 사주는 리바이스 청바지를 아이가 사고 싶어 할 때 적당한 시기를 잡아 그 아이의 마음을 읽어주면 최고의 아빠가 되었다.

그가 초등학교 시절 귀가 얼어서, 왼쪽 귀가 살짝 들리지 않는다고 하였다. 부모의 보살핌이 닿지 않는 삶이었다. 내 남편 삶이라 그걸 외면할 수 없었다. 혼자서는 돈이 아까워 교수 식당을 못 가고 학생 식당을 이용하여 저금했고, 혼자 일어서는데 내가 있으면 될까 하고 그렇게 살아낸 날들이 곧 우리 이야기다. 그는 내 속 좁음을 탓하지 않았고, 함께 헤쳐 나온 시간은 결국 믿음으로 신뢰로 쌓여 갔다.

그렇게 날 인정하며 북돋우어 주는 마음에서 나는 늘 '일어서 보는 사람'이 되려고 애를 썼다. 큰돈은 남편이 관리를 하고 나는 작은 돈을 가지고 살림을 살았다. 돈 모으기를 할 때 이자가 높은 곳을 찾아서 저축하고, 모은 돈을 다시 복리가 되게 돈을 모았다. 돈을 함부로 쓰지 않으려고 했고, 그가 모아둔 것은 그대로 두느라고 바쁘게 살았다.

사는 동안 서로 어떤 약속을 한 적은 없지만, 함께 한 시간을 살면서 그라면 '어떻게 이 문제를 바라보고 해결했는지' 생각하며 살았다. 나에게 '어떻게 살아야 한다'라는 강제성이

나 약속이 있었다면 영혼에 머무는 사람은 되지 못했을 것이다. 영혼은 지금도 수시로 내 마음을 찾아온다. 그가 떠난 날이나, 비 오거나 바람 불거나. 마음속 동행 되는 삶 속에 그는 여전히 가끔 내 안에 머물러 있다.

김춘자

인공지능 시대의 인간 존재

인공지능의 발전은 내 일상과 사고방식을 눈에 띄게 바꾸어 놓았다. 아침에 눈을 뜨자마자 스마트폰을 확인하고, 필요한 정보를 검색한다. 이렇게 기술과 대화하며 하루를 시작하는 삶은 참으로 편리하지만, 문득 이런 생각이 스친다. "나는 정말 이 모든 것의 주인일까?" 편리함 속에서 나는 점점 더 기술에 기대고, 때로는 기술에 휘둘리고 있는 듯하다.

이제 구글은 내게 없어서는 안 될 존재가 되었다. 래리 페이지와 세르게이 브린이 세운 이 회사는 "전 세계의 정보를 체계화하고, 모두가 접근할 수 있게 만드는 것"을 목표로 삼았다. 그 덕분에 나는 손가락 몇 번의 터치로 세상의 거의 모든 정보를 얻는다. 그럴수록 스스로 생각하는 힘은 조금씩 약해지는 듯하다.

쿠팡에서 호박을 검색하고, 리뷰를 읽고, 구매 버튼을 눌렀다. 내가 시장에서 직접 고른 것보다 더 좋은 호박이 현관 앞에 도착했을 때의 기쁨은 컸다. 그러나 그 과정은 오롯이 내 선택이었을까? 수많은 리뷰와 평점, 그리고 알고리즘의 추천 속에서 나는 어느새 보이지 않는 힘에 이끌리고 있었다. 편리함 뒤에 감춰진 감시와 시선, 서로를 평가하는 구조 속에서 나는 조금씩 자유를 잃어가고 있었다.

이번 여름 이탈리아 여행에서도 인공지능은 내 곁을 떠나지 않았다. 구글 지도로 길을 찾고, 번역기로 현지의 문화를 이해하고, AIR BNB에서 사전 숙소를 결정하고, 별점이 높은 식당을 예약했다. 모든 것이 매끄럽고 완벽했지만, 이상하게도 내 마음속에는 작은 물음표가 떠올랐다. '이 선택들은 정말 내 것이 맞을까?' 편리함이 주는 만족감 뒤에는, 어느새 나 대신 판단하는 알고리즘의 손길이 있었다.

유발 하라리는 『넥서스』에서 이렇게 말한다. "우리는 인공지능의 발전 속에서 통제력을 잃을 위험에 처해 있다." 그의 말은 단순한 경고처럼 들리지 않았다. 인간이 만든 기술이 인간의 의식과 윤리에 스며들어 우리 삶의 방향을 바꾸고 있다는 사실, 그것이 나를 두렵게 했다. 이 책 속의 칸트는 인간이 추구해야 할 '선(善)'을 타인의 행복을 향한 이성적 실천 속에서 찾았다. 진정한 도덕은 내가 바라는 것을 타인에게도 베푸는 것, 즉 보편적 선의 실현이다. 그 말은 곧 "네가 원하는 것을 다른 사람에게 주라."는, 아주 단순한 근본적인 진리였다.

논어에 제자 자공이 공자에게 '평생 지녀야 할 한마디 말'을 부탁했을 때 "기소불욕 물시어인(己所不欲 勿施於人)"과도 닮았다. "자신이 원하지 않는 것을 남에게 행하지 말라." 이 짧은 말 속에는 인간다움의 본질이 담겨 있다. 나는 인공지능이 아무리 발전하더라도, 세상이 이 원리를 잊지 않기를 바란다. 인공지능은 사람이 아니다. 협력자이고 조력자를 넘어선다. 이제는 인공지능이 세상을 이끌고 있다.

인공지능 시대를 맞아 벤 넬슨 미네르바대 설립자는 '대학 설계를 지식이 아닌 생각의 도구'로 가르쳐야 한다고 했다. 내가 구글, 쿠팡을 이용하여 디지털 시대의 편리한 삶을 누린다 해도 그것은 겉모습이고, 트렌드일 뿐이다. 인공지능은 모든 지식을 이용하여 확률의 맞는 답을 제시하고 결정은 인간의 몫이다.

하라리는 인공지능이 언젠가 의식을 가질 수도 있다고 말한다. 탄소 기반 생명체로 이루어진, 인간의 의식조차 아직 완전히 설명되지 않았다. 비유기적 존재가 의식을 가진다는 것은 어떤 의미일까? 그 질문은 나를 존재의 근원으로 데려간다. 사과를 먹었을 때 생긴 하루살이조차도 나름의 의식을 가지고 있는 걸까? 그렇다면 언젠가 인공지능도 자신을 인식하고, 감정을 느끼게 될까? 그 생각을 하다 보면, 인간 존재의 특별함이 무엇인지 다시 묻게 된다.

인공지능은 고통이나 사랑 두려움은 알지 못하나 우리들의 참여를 극대화한다. 나는 건강과 행복, 가족과 꿈을 소중히 여긴다. 그것들이 나의 가치와 삶의 방향을 지탱해 준다.
데이터로 계산된 정의와, 인간이 느끼는 선의 판단 사이에서, 우리는 과연 어떤 삶을 선택하게 될지 걱정스럽다. 인간의 지혜가 그 어느 때보다 절실히 필요하다. 기술이 아무리 발전해도, 그것을 어떻게 사용할 것인가는 여전히 인간의 몫이다.
'권력과 지혜, 그리고 선을 향한 인간의 의지'.
이 세 가지는 인공지능 시대를 살아가는 우리가 붙잡아야 할 세계의 흐름이다. 기술이 아무리 정교해져도 '인간의 마음'이 세상을 이끌 수 있는 시대를 여전히 꿈꾼다. 인류의 선을 향한 비판적인 사고력을 희망해 본다. 이 시대를 만들어가는 일, 그 시작은 바로 지금, 이 순간 우리의 선택에 달려 있다.

김춘자

그리운 길, 기억

달빛 속에

축축한 새벽이 오는 소리

아부지 들길 나가고

엄마 물길어

무쇠솥 여는 소리

마당까지 내려온 별들

자연 품고 흐르고 있었다

엄마 아부지 살아 계실 때

다니던 길이

멈추어 섰다

갈 곳 없어

하늘을 보고

달을 따라가

별 안으며

구름길 찾는다

인생을 줍고

물어본다

나의 고향,

가족의 웃음소리,

밥 먹어라 부르는 엄마의 환청

왜 잠자리 떼와 고향의 들녘은

마음 안에 사는지

발길 끊어진

그곳에

엄마 아부지

피고 있는지 모르겠다

김순자

조금 느리게, 조금 천천히

나는 특별히 사춘기라는 과도기를 겪지 않았다. 성장 과정에서 흔히 겪는 반항이나 치열한 자아 탐색의 시기가 내게는 없었다. 학창 시절 친구들이 부모님과 대립하며 울고 웃을 때도, 나는 그 감정을 온전히 이해하지 못했다. 팔 남매 중 막내로 태어난 탓일까, 아니면 늘 몸이 약하셨던 엄마가 마흔하나의 나이에 나를 낳으신 탓일까. 가족들은 나의 작은 응석까지 다 받아주었고, 내 마음이 상하기 전에 먼저 다독여 주었다. 그래서 반항할 여지가 없었다.

그 따뜻한 보호막은 내 정서를 온전히 품어주었지만, 한편으로는 성숙의 시간을 늦추는 부드러운 감옥이기도 했다. 어른들의 말이 언제나 옳다고 여겼고, 순응하는 것이 당연한 도리라고 생각했다. 세상을 선과 악, 옳고 그름이라는 단순한 이분법적 경계로 나누고, 도덕적으로 바르게 살면 인생도 평탄할 거라 믿었다. '착한 아이'라 불리던 나는 좁은 세상 안에서 주어진 하루를 묵묵히 살아냈다.

어린 시절, 부모님의 가르침과 학교에서 배운 도덕과 국민윤리, 친구들과의 우정 속에서 마음의 온도와 방향을 배워갔다. 타인의 입장을 헤아리는 공감, 모든 선택에는 책임이 따른다는 진실을 느린 시간 속에서 조금씩 습득하며 사고의 빈자리를 서서히 채워나갔다. 사춘기에는 '나는 누구인가?', '무엇을 위해 사는가?'와 같은 근원적인 질문들을 깊이 탐색하지 못했지만 교과서 속 내용과 팔 남매의 북적임, 그리고 60명이 넘는 친구들과 함께했던 교실 안에서 조금씩 체득해갔다.

돌이켜보면, 그 시절 쌓아온 시간이 지금의 나를 지탱하는 토양이 되었다. 서두르지 않았기에, 흔들릴 때마다 되돌아갈 뿌리가 내 안에 깊이 자리 잡았다.

인간은 본능만으로 살 수 없으며, 스스로 세운 가치의 나침반을 따라야 한다는 것을 삶의 여러 고비를 지나며 깨닫는다. 정답보다 속도가 중요해진 오늘날의 시대 속에서, 나는 오히려 그 느린 배움이 내 인생의 자산이 되었음을 안다. 갈림길에서 서성일 때마다, 그 시절의 경험과 배움은 내 안의 중심이 되어 나를 붙들어 세우고 있음을 느낀다.

세상의 무게를 배우다

삶은 결코 저절로 굴러가지 않았다. 회사원이 되고, 한 남자의 아내이자 두 아이의 엄마가 되면서 현실은 전혀 다른 복잡한 얼굴로 나를 맞이했다. 부모에게서 독립하여 온전한 한 사람으로 홀로 서야 하는 과정은 생각보다 훨씬 복잡하고 낯설었다. 둘째 아이가 백일이 되던 무렵, 남편의 직장 문제로 정들었던 고향을 떠나 서울로 올라오게 되었다. 그때 처음으로 직접 살 집을 얻으면서 '생활의 무게'라는 것을 온몸으로 실감하기 시작했다.

타향살이 1년이 되었을 무렵, 고향에 분양받았던 아파트가 매각되면서 우리는 대출을 잔뜩 안고 분당에 집을 마련했다. 셋방을 벗어나 보금자리를 얻었다는 사실만으로 뿌듯해, 조금이라도 빨리 이사하고 싶은 마음에 전세금을 돌려받지 않고 이사를 나왔었는데, 그 집이 경매로 넘어가 전세금을 반환받지 못한 일이 벌어졌다. 확정일자를 받아두었으니 당연히 돌려받을 줄 알았지만, 법은 복잡하고 냉정했다. 최저 보장 금액보다 높다는 이유로 삼천오백만 원의 전세금을 단 한 푼도 돌려받지 못하고 허공으로 날려 보낸 것이다.

세상 물정을 전혀 모른 채 살던 시절의 혹독한 수업이었다. 바보 같았지만, 그 일을 통해 우리는 '빈손의 자유'를 배웠다. 물질은 잃었지만, 마음은 단단해졌고, 냉정한 현실을 감사로 받아들이는 법을 처음으로 깨닫게 되었다. 인생의 고비를 '감사'라는 가치로 채우며 넘어가는 법을 배운 순간이었다.

느린 성찰이 준 깨달음

서울에서 처음 알게 된 단어가 '지층'이다. 짜장면이나 치킨을 주문할 때마다 "1층입니다"라고 분명히 말했음에도, 배달원은 늘 위층으로 올라갔다가 다시 내려오곤 했다. 이상하다 싶어 위층 아주머니께 여쭤보고서야 내가 사는 곳이 지층, 즉 반지하라는 것을 알게 되었다. 창문으로 들어오는 유난히 희미한 햇살, 늘 눅눅한 공기, 비가 오면 역류하는 하수도, 그리고 감기를 달고 사는 아이들…. 그제야 모든 게 이해되었다.

그 시절, 하루의 시작은 15개월 터울인 두 아이를 유모차에 태우고 병원으로 향하는 일이었다. 의사가 약을 처방하며 "이 약을 먹이면 아이들이 잠을 잘 거예요."라고 말할 때면, 속으로 '그래, 아이들이 잠들면 나도 잠시 쉴 수 있겠구나.' 하고 기대를 하곤 했다. 하지만 예민한 나를 꼭 닮은 큰아이는 약을 먹고도 좀처럼 잠들지 않아, 기대는 늘 어김없이 실망으로 돌아왔다. 육아로 지친 마음을 달랠 곳 하나 없는 날들이 이어졌다.

아는 사람 하나 없는 타향살이에서 아이 둘을 키우는 일은, '힘듦'이 '어려움'으로, 그리고 '외로움'으로 자라나는 시간이었다. 잠시 집 앞 구멍가게에 다녀오는 일조차 아이 둘을 안고 끌며 나서야 했다.

아이들을 키우며 드는 생각 중 하나는 '내가 부모로서 자격이 있는 걸까?'였다. 농담처럼 사람들에게 "운전면허가 있듯, 부모도 자녀를 키울 수 있는 자격을 주는 면허가 있어야 하지 않을까?"라고 말했지만, 그 안에는 엄마로서 부족했던 나의 모습에 대한 반성이 담겨 있었다.

사춘기를 제대로 겪지 못한 나는, 아이들의 사춘기를 이해하는 데도 서툴렀다. 그 시기를 혼란이나 성장의 과정으로 바라보기보다 그저 다스려야 할 시간쯤으로 여겼다. "사춘기는 반항의 시기가 아니라 생각이 자라는 시기야."라고 말했지만, 어른의 관점에서 내린 정의였을 뿐, 진심으로 이해한 말은 아니었다. 그럼에도 아이들은 그런 부족한 엄마를 너그러이 받아주었고, 큰 반항 없이 곧고 건강하게 자라주었다.

어느 날 나는 아이들에게 마음속 말을 꺼냈다. "이런 서툰 엄마 밑에서 예쁘고 바르게 자라줘서 고마워. 그리고 미안해." 그때 딸이 웃으며 말했다. "엄마가 슈퍼 갑이어서 반항할 수 없었어. 갑질을 이기는 건 어리석은 일이라는 걸 일찍 알았거든." 그 말을 듣는 순간, 웃음 뒤로 뭉클한 무언가가 밀려왔다. 아이들은 그렇게 미숙한 엄마를 오히려 품어주며 자라난 것이다. 어쩌면 나보다 훨씬 성숙했던 아이들이었다.

나의 속도로, 나의 걸음으로

이제 딸은 서른한 살, 아들은 서른이 되었다. 각자의 삶을 살아가는 아이들을 보며, 나를 오랫동안 붙들고 있었던 '부모 면허 시험지'를 내려놓는다. 아이들을 키우는 동안, 부모라는 역할은 나에게 끝없는 배움의 연속이었다. 아마 이후로도 그 배움은 계속될 것이다.

좋은 아내, 현명한 엄마, 지혜로운 사람이 되고 싶었지만 언제나 어딘가 부족했다. 그래도 나는 내 속도로, 나의 걸음으로 여기까지 걸어왔다.

그 길 위에는 실패와 회복, 눈물과 웃음, 그 밖의 온갖 순간들이 뒤섞여 있지만, 어느덧 나는 환갑이라는 시간을 지나고 있다.

박완서 작가가 『모래알만 한 진실이라도』에서 말했듯이,

> 이왕이면 과정도 행복해야 하지 않을까요. 인생은 결국 과정의 연속일 뿐, 결말이 있는 게 아닙니다. 과정을 행복하게 만드는 방법은 만나는 사람과의 인간관계를 원활히 하는 것입니다.

과정을 행복하게⋯.

잘하지 못해도 괜찮다.

누군가의 기준에 맞지 않아도 괜찮다.

나는 나의 속도로 여기까지 왔다.

조금 느리게, 조금 천천히 살아가는 중이다.

하루를 소중히 여기며

감사로 나를 채우는 사람으로

그렇게 오늘도, 나의 작은 하루를 사랑하며 살아간다.

김효영

서툰 청춘, 책 속에서 만나다

 2023년부터 나는 북클럽 멤버로 활동하고 있다. 금요일 새벽 여섯 시, 세상은 아직 꿈과 현실 사이, 잠에서 완전히 깨어나지 않았다. 창밖에는 어슴푸레한 빛과 어둠이 섞여 있고, 길 건너 편의점 간판의 불빛이 창문을 타고 희미하게 들어온다. 손에 따스한 차 한 잔을 들고, 노트북 화면 속으로 북클럽 멤버들의 얼굴과 마주한다.

 처음엔 새벽 독서 모임이 낯설었다. 하루를 여는 이른 시간에 글과 생각, 언어로 교감한다는 것이 매력적으로 느껴졌지만, 2주 만에 한 권을 완독하며 새벽 리듬을 유지하는 일은 절대 쉽지 않았다. 바쁜 업무와 체력의 한계를 핑계로 가끔

빠지기도 했지만, 그 이른 아침의 몰입은 이제 내 일상에서 가장 소중한 쉼이자, 나를 들여다보는 사색의 순간이 되었다.

더불어, 한 달에 한 번 갖는 오프라인 모임은 지치고 일상에 불어오는 작은 봄바람과 같다. 커피 향이 은은하게 퍼지는 공간 속, 서로의 웃음과 대화가 마치 따뜻한 햇살처럼 번지고, 책 속 이야기가 내 삶의 궤적과 겹치는 순간 마음이 포근하게 물든다. 책을 읽는다는 것은 단순히 지식을 축적하는 행위를 넘어 내면을 비추고 마주하는 일이다.

글을 따라가다 보면 어느새 마음속 오래된 골목길을 걷게 되고, 잊었던 감정과 대면하며, 또 다른 나를 발견하게 된다.

논제를 나누는 과정을 통해 단순히 '읽었다'라는 만족을 넘어, 내 안에서 던지는 질문과 불러일으키는 감정을 곱씹게 한다. 이 모임이 단순한 취미가 아니라 나를 지속적으로 다듬는 잔잔한 선물과도 같은 이유이기도 하다.

『소년이 온다』, 외면했던 그 시절의 기억

2024년, 대한민국 작가가 처음으로 노벨문학상을 받았다는 소식은 우리 사회에 큰 자부심과 설렘을 안겨주었다. 북클럽에서도 자연스레 그 이름, 한강이 화제가 되었고, 『소년이 온다』와 『채식주의자』를 함께 읽기로 했다.

그중에서도 『소년이 온다』는 나에게 단순한 문학 작품 이상의 의미였다. 이 소설의 배경이 된 1980년 5월, 나는 광주에서 고등학교 1학년을 보냈다. 책에 등장하는 '수피아여고'는 나의 모교였다.

그해 5월, 평범하게 수업을 듣던 우리는 갑자기 강당으로 불려 갔다. "지금 당장 하교하라"는 선생님의 단호한 말이 떨어지자, 긴장이 순간 사방으로 퍼졌다. 누군가는 "데모가 일어났다"라고, 또 다른 친구는 "군인이 온다"라고 속삭였지만 아무도 정확히 알지 못했다. 우리는 굳은 얼굴의 선생님들 지시에 따라 통학버스를 타고 집으로 돌아갈 수밖에 없었다.

그날 이후 휴교령이 내려져 오랫동안 학교에 가지 못했다. 부모님께서는 "밖은 위험하니 절대 나가지 마라"고 신신당부하셨기에, 나는 대문 밖을 내다볼 생각조차 하지 않았다. 그러나 어른들이 주고받는 대화를 통해 충장로와 도청 앞, 지하상가에서 총성과 울리고 사람들이 쓰러져가고 있다는 것을 듣게 되었다. '설마, 정말일까?' 싶었지만, '함구'라는 침묵 속에서 그 일들이 사실임을 직감할 수 있었다. 그때 나는 겨우 열여섯 살이었다.

아버지는 "세상을 바꾸고 싶으면 공부해야 한다."라고 말씀하셨다. 하지만 책상 앞의 나는 자꾸만 다른 곳을 바라보았다. 정신은 산란했고, 그렇게 혼란 속에서 시간만 흘려보냈다.

대학에 진학해서는 직접 시위 대열에 참여하지는 않았지만, 강의실 창밖으로 들려오는 북소리와 데모의 함성, 곳곳에 붙은 대자보, 그리고 "자유 민주"를 외치는 목소리와 함께했다. 또 캠퍼스에 가득한 최루탄 연기로 등하굣길엔 눈물과 콧물이 범벅이 된 채 걸어야 했다. 그때의 긴장과 두려움, 그리고 곳곳에 부서진 자유의 흔적들이 내 기억 속에 짙게 남아 있다.

침묵과 용기, 서툰 청춘의 재해석

『소년이 온다』를 읽으며, 그 시절 광주의 공기가 다시 피부에 닿는 듯했다. 그때 내가 애써 외면했던 것들, 미처 이해하지 못했던 감정들이 되살아났다. 소설 속 소년과 사람들은 모두 평범한 이들이었다. 준비된 영웅은 없었으며, 누군가는 친구를 찾아 나섰고, 누군가는 시신을 지키려 했으며, 또 누군가는 두려움 속에서도 그 자리에 묵묵히 머물렀다.

그날의 숨죽인 외침들이 모여 역사를 바꾸었다는 사실이 마음을 울렸다. 눈앞의 폭력과 위험을 몸소 겪지는 않았지만, 그 공포의 순간을 함께한 나의 침묵 역시 광주의 격동 속에 분명히 존재했었다.

임산부가 총에 맞아 쓰러지는 처참한 장면을 읽으며, 남편의 고등학교 친구 누나가 떠올랐다. 그녀 역시 임신 중이었고, 대문 앞에서 총탄에 맞았다. 그들의 가족은 끝내 5·18 피해 보상금을 받지 않았다. "그 돈을 받는 순간, 억울한 죽음이 당연한 죽음이 될 것 같아서"라는 이유였다. 얼마나 깊은 상처가 가슴에 새겨졌으면 그랬을까.

무자비함이 끝난 후, 광주 도청 앞 분수대를 똑바로 보지 못하겠으니 제발 멈춰 달라고 민원을 넣었다는 글귀는 다시 한번 나의 가슴을 때린다.

이 책을 읽으며 나는 내 청춘의 서투름을 다시 떠올린다. '그 시절, 너는 무엇을 보았고 무엇을 외면했는가.' 그 질문 앞에서 나는 오래 침묵했다. 아무것도 하지 못했다는 자책도 있었지만, 어쩌면 그 무력함 속에서 나는 '인간의 존엄'을 배우고 있었다. 세상을 향해 직접 외치지 못하였지만, 역사의 한 귀퉁이에서 묵묵히 시대를 견디고 있었다. 그 시절 서툰 청춘의 고민이, 오늘의 내가 바른길을 걷고 정의를 지키려는 깊은 내면의 씨앗이 되었다.

기억의 실천, 오늘의 소년에게

가끔 남편과 그날의 광주를 떠올리며 자녀들에게도 들려준다. 그날들이 있었기에 오늘의 우리가 존재할 수 있었다는 것. 역사는 거대한 인물들만이 쓰는 것이 아니라, 평범한 사람들의 작은 용기와 실천, 그리고 두려움 속에서도 눈을 감지 않으려는 의지가 함께 만들어 온 것임을.

이 책은 내게 '기억하라'는 메시지를 남긴다. 그 기억은 단순한 과거의 기록이 아니라, 오늘을 살아가는 윤리적 자세이기도 하다. 우리 사회와 이웃에 대한 도덕적 책임을 나만의 방식으로 실천하는 일. 그것이 이 책이 내게 준 울림이고, 내 삶을 비추는 배움으로 남는다.

오늘의 사회는 극단으로 흔들린다. 한쪽에서는 극우의 강경함이, 다른 한쪽에서는 극진보의 급진성이 서로를 밀어내고 있다. 뉴스와 소셜 미디어 속에서는 '내 편'과 '네 편'이 부딪히고, 작은 의견조차 쉽게 왜곡된다. 어쩌면 우리는 지금 시대를 살아가는 또 다른 '소년'일지도 모르겠다.

완벽하지 않아도 괜찮다. 가끔 넘어지더라도 괜찮다. 중요한 건 무너지지 않는 마음이다. 다시 일어나 한 걸음 더 내딛자. 진심으로 행동하고, 주위를 따뜻한 눈으로 바라보자.

누군가의 아픔을 외면하지 말자. 그 온기 어린 시선이야말로 우리 삶을 풍요롭게 만드는 시작이 될 것이다.

서툴더라도 두려워하지 말자. 서툰 청춘은 나약함이 아니라, 오늘과 내일을 이어주는 가능성이다. 완벽함보다 진심으로 나아가려는 마음, 그것이면 충분하다.

그날의 소년들에게, 그리고 여전히 길 위에 서 있는 모든 청춘에게 조용히 전한다.

"사랑한다, 그리고 자랑스럽다."

김호영

길 위에서

 나는 자격증 부자다. 통장이 얇아도 지갑 속 자격증은 두툼하다. 운전면허를 시작으로 레크리에이션, 냅킨공예, 바리스타, 심리상담사, 영양사, 사회복지사, MBTI 등 국가 및 민간 자격을 모두 합치면 열세 개에 달한다. 이쯤이면 '자격 마니아'라고 해도 괜찮지 않을까.

 파일 속에서 잠자고 있는 면허증을 들여다보면, 세월의 틈 속에 묻혀 있던 나의 지난 이야기가 조용히 깨어난다. 그때의 열정이 고스란히 살아 있어 나도 모르게 미소가 번진다. 도전을 향해 내디뎠던 발자국의 흔적이 이 안에 담겨 있다는 생각에 마음이 조금은 뿌듯해진다.

그중에서도 나에게서 가장 유용하게 사용되는 것은 단연 '운전면허'다. 운전은 단순히 기계를 조작하는 행위만이 아니다. 손으로 핸들을 잡고, 발로 브레이크와 엑셀을 조절하며, 눈으로 전방과 후방, 옆을 살핀다. 동시에 귀는 라디오 소리를 듣고, 입은 동승자와 대화를 나눈다. 모든 감각과 인지 능력이 정교하게 협업하는 하나의 종합예술 활동이다. 사람들은 이 복잡한 기술을 마치 완벽히 프로그래밍 된 인간 슈퍼컴퓨터처럼 너무도 자연스럽게 해낸다.

운전이 가르쳐준 길 위의 지혜

스물여덟 살, 처음 운전대를 잡았을 때의 나는 온몸이 긴장으로 굳어 있었다. 어깨에는 힘이 잔뜩 들어가고, 손과 팔은 뻣뻣했다. 발은 정신없이 브레이크를 밟았다가 놓기를 반복했고, 차가 살짝만 흔들려도 가슴이 먼저 요동쳤다. 처음에는 앞만 보고 달린다. 하지만 익숙해질수록 룸미러와 사이드미러를 오가며 주변 상황을 입체적으로 바라보게 된다.

앞으로 나아가는 것만큼 뒤를 돌아보고 옆을 주시하는 여유가 더 안전한 길을 만든다. 초보자도 시간이 지나면 핸들을 부드럽게 잡고, 시야를 넓혀 주위를 살피는 법을 알게 된다.

차를 몰며 도로 위를 달리다 보면, 이 또한 삶의 축소판처럼 느껴진다. 운전은 신호와 규칙을 지키며 달릴 때 비로소 안전해진다.

초록불이 빨간불로 바뀌면 멈추듯, 삶에도 잠시 멈춤이 필요하다. 기다려야 할 때 기다리고, 멈춰야 할 때 멈추는 일은 질서를 지키는 것이자 목적지에 안전하게 도달하기 위한 준비다. 멈춤은 실패가 아니라, 더 나은 길로 나아가기 위한 쉼표다.

작은 배려도 중요하다. 깜빡이를 켰을 때 뒤차가 속도를 살짝 늦춰주는 그 짧은 양보는 도로의 공기를 부드럽게 바꾼다. 그런 사소한 행동이 세상을 조금 더 따뜻하게 만드는 시작이 된다. 서로에게 길을 내어주고, 때로는 잠시 멈추는 여유만으로도 세상은 한결 부드럽게 흘러간다.

살다 보면 내 뜻대로 조절되지 않는 일들이 끝없이 밀려온다. 그럴수록 발걸음을 늦추고, 지금 머무는 자리에서 천천히 시야를 넓혀야 한다. 조급함이 다가올 때는 잠시 갓길에 서서 숨을 고르고, 내 안의 지도를 다시 펼칠 때다. 멈춤 없이 달리기만 하면 엔진은 지쳐 결국 멈출 수밖에 없다. 한 곡의 멜로

디에도 쉼표가 있어야 완성되듯, 잠시의 멈춤은 다시 나아가기 위한 숨 고르기일 뿐이다.

이처럼 단순한 반복 속에서 우리는 인내와 집중, 그리고 삶의 균형을 배우게 된다. 때로는 길을 잃어야 비로소 내가 어디에 서 있는지 깨닫게 된다. 헤매던 시간조차 우리를 굳건히 세워주는 이정표가 되어, 다음 발걸음을 준비하게 한다. 삶의 속도를 조절하고, 멈춤과 선택을 반복하는 그 순간마다 우리는 조금씩 더 나은 모습으로 성장한다.

길치의 미숙

사실 나는 심각한 길치다. 수학을 가르쳤고, 공간 감각이 필요한 기하학을 좋아했지만, 실제 지형 앞에서는 전혀 방향 감각을 잡지 못한다. 그래서 내비게이션의 등장은 나에게 혁명과도 같았고, 세상의 길을 친근하게 만들어 준 안내의 요정이었다.

큰아이가 초등학교 3학년이던 어느 날, 아이 둘을 태우고 천문대로 향했다. 중간쯤 다다랐을 때 내비게이션이 갑자기 멈추고 화면이 얼어붙었다. 아이들 앞에서는 태연한 척하며 "괜찮아, 곧 집으로 돌아갈 수 있어."라고 말했지만, 낯선 길에 서니 두려움이 밀려와 어떻게 가야 할지 알 수 없었다. 한참을 돌고 돈 끝에 눈에 익은 이정표가 보이기 시작했고, 결국 무사히 집으로 돌아올 수 있었다.

딸이 고등학생이 되었을 때의 일이다. 내가 약도를 그려주며 "한방병원에 가서 엄마 약 좀 찾아와. 집에서 한 정거장이야."라고 부탁했다. 딸은 자신 있게 나섰지만, 한참이 지나도 소식이 없었다. 걱정이 밀려올 즈음 전화가 걸려 왔다. "엄마, 아무리 봐도 엄마가 그려준 약도와 같은 길이 없어." 순간 걱정보다 짜증이 섞인 목소리가 먼저 터져 나왔다. "아니, 고등학생이 약도를 보고도 못 찾는단 말이야?" 나는 그렇게 화를 낸 채로 전화를 끊어버렸다. 결국 딸은 '인간 내비게이션'인 아빠에게 전화를 걸어 도움을 받아 무사히 병원에 다녀올 수 있었다.

그날 밤, 남편이 내게 한마디를 던졌다. "이건 약도가 아니야. 이걸 보고는 누가 찾을 수 있겠어?" 순간 얼굴이 화끈해지며 딸에게 너무나 미안했다. 아이 앞에서 자신 있는 척 그렸지만, 종이 위에 그린 선과 화살표가 전혀 도움이 되지 못했음을 그제야 실감했다. 제대로 알지도 못하면서 알려주겠다고 나선 나의 미숙함이, 그날의 길 위에서 고스란히 드러났다.

조금씩 배워가도 괜찮아

 빨리 가는 길보다, 내가 가야 할 길을 찾는 것이 중요하다. 돌아가고, 멈추고, 다시 출발하는 그 반복 속에서 우리는 자라간다. 우회하고, 잠시 멈춰 숨을 고를 때도 있지만, 그 길 위에서 마주한 수많은 만남 들, 그리고 그 시간 속의 깨달음이 우리를 더 견고하게 만든다. 서툰 선택과 실패, 실수까지 모두 내 인생의 과정이며, 나를 빚어온 소중한 재료들이다.

 자격증이 있다고 해서 전문가라 할 수는 없다. 오히려 그 분야에서 부딪히며 쌓은 경험과, 시행착오 속에서 얻은 통찰, 그리고 꾸준한 노력과 실행이 진정한 전문성을 만든다. 인생은 시험 문제처럼 정답을 맞히는 것이 아니라, 진실하게 살아내고, 도전하며 쌓은 경험의 깊이가 중요하다. 준비와 노력의 과정에서 우리는 삶의 깊이를 더해간다.

 오늘도 나는 핸들을 잡으며 조용히 중얼거린다.
 서툴지만, 나답게.
 삶의 길 위에서, 조금씩 배워가도 괜찮아.

김호영

여행의 목적지는 나

 누구에게나 여행은 설렘의 다른 이름이다. 나 역시 평범한 일상 가운데서 그 두근거림을 찾아 길을 나서곤 한다. 새로운 풍경은 내 안의 시야를 넓혀 주고, 숨결을 새롭게 만든다.

 솔직히 말하면 나는 예전엔 패키지 여행파였다. 비용만 내면, 그들이 모든 일정을 설계하고 숙소와 식사까지 세심하게 챙겨주는 그 친절한 시스템이 얼마나 고마운가. 가이드의 설명을 들으며 안내에 따라 이동하고, 식사 시간이 되면 메뉴를 고민할 필요 없이 준비된 음식을 먹는다. 이보다 더 편할 수 있을까. 무엇보다 가성비가 뛰어났다. 소시민으로 살아온 나는 '경제효과가 곧 행복효과'라는 지론을 가진, 다소 계산적인 사람이었기에 패키지를 추앙할 수밖에 없었다.

그러던 나에게 뜻밖의 기회가 찾아왔다. 딸의 고등학교 친구 엄마들 모임, 일명 '딸사모'에서 자유여행을 떠나보자는 제안이 나온 것이다. '딸사모'는 '딸을 사랑하는 엄마들의 모임'이라는 뜻으로, 나를 포함해 네 명이 함께하고 있다. 우리의 만남이 어느새 16년이 되었으니, 말 그대로 오래된 친구들이다. 서로를 믿고 의지할 수 있는 사이였기에, 누군가가 "이번엔 우리 힘으로 직접 다녀보자!"라고 외치자, 그 한마디가 순식간에 모험의 불씨를 지폈고, 두근거림과 흥분이 온몸으로 퍼져 나갔다.

이미 포르투갈과 스페인에 다녀온 적이 있는 친구가 있어, 목적지는 포르투갈로 정했다. 우리는 매달 모여 계획을 조율하고, 지역별 명소를 조사하며 역할을 나누었다. 진지하게 의견을 나누는 과정은 마치 '엄마 버전 스타트업' 같았다. 서로의 걱정을 주고받기도 하고, 가끔은 "이건 좀 무리 아니야?" 하며 웃고 떠들며 장난을 치기도 했다.

'아깝다 병'과 코로나 팬데믹

하지만 출발부터 상황은 만만치 않았다. 2019년 10월경 시작된 코로나19로 패키지 일정들이 줄줄이 취소되고 있었고, 우리가 떠나야 할 2020년 2월 말에는 상황이 점점 더 악화하고 있었다.

여행사 주관은 취소 시 환급이 가능했지만, 우리는 사전에 예약한 렌터카와 숙박은 페널티를 감수해야 했다. 포르투갈에는 얼굴 한 번 못 내밀고, 돈만 날아갈 위기에 처한 셈이었다. '돈이 아깝다'라는 생각이 머리를 가득 채우고 있을 때, 남편은 "유럽은 아직 괜찮으니 잠시 한국을 벗어나 다녀와."라고 격려해 주었다. 결국 우리는 아줌마들의 '아깝다 병'이 발동하여, 출발을 결심했다.

2월 26일, 출국을 위해 발권하려는데 돌아올 예정이던 3월 11일 항공편이 사라졌다. 직항은 9일이 마지막이라니, 어쩔 수 없이 귀국 날짜를 조정해야 했다. "이런 건 미리 안내 문자라도 줘야 하는 것 아니야?"라며 불만이 치밀었지만, 입가에 미소를 걸고, 불평은 꿀꺽 삼켰다. 당시 상황은 시시각각 변했고, 데스크 직원조차 내일을 장담할 수 없었던 시기였다. 한 치 앞도 알 수 없는 긴장감이 비행기 출발 전부터 우리를 붙잡았다.

기내는 승객이 삼분의 일 정도만 탑승한 한산한 상태였다. 우리는 준비해 간 소독액으로 손잡이와 의자를 닦고, 마스크를 착용하며 방역 태세를 철저히 갖췄다. 항공기를 통한 코로나 확산 관련 뉴스를 접했던 터라, 안전과 위생에 남다른 신경을 썼다.

언어의 장벽, 마음의 연습장

도착한 리스본은 놀라울 만큼 평화로웠다. 거리에 마스크를 쓴 사람은 찾아볼 수 없었다. 그들에게 코로나는 '동양 뉴스의 한 장면' 정도로만 느껴지는 듯했다. 택시를 타고 숙소로 향하며 창밖을 바라보니, 건물 벽의 색감과 골목의 질감이 새롭게 다가왔다. 꼼꼼히 먹거리를 준비해 온 친구 덕분에 김치볶음과 진미채로 저녁 밥상이 차려졌다. 이국의 공기 속 고춧가루 향만으로도 숨이 느긋해지고 편안해졌다.

포르투갈에서 맞이한 첫 아침, 누룽지 위에 김치볶음을 올려 먹고 따끈한 커피를 홀짝이며 하루를 열었다. 입으로 느끼는 멋과 눈으로 즐기는 맛이 어우러져, 아직 발길 닿지 않은 골목과 오늘 걸어야 할 길이 기대로 떠오르며, 자연스레 콧노래가 흘러나왔다.

리스본의 명물 트램이 우리를 태우고 좁은 골목을 지날 때는 건물 벽과 뽀뽀라도 할 듯 아슬아슬하게 지나가며 짜릿함을 더했다. 일곱 개의 언덕으로 이루어진 리스본을 오르락내리락하는 50대 아줌마들의 걸음 속에서 무릎은 덜컥거리고 종아리는 비명을 질렀지만, 소녀처럼 신이 나 있었다.

길거리 광고판에서 영화 「기생충」 포스터를 발견했을 때는 애국심이 폭발하기도 했다. '오, 봉준호 감독, 당신이 자랑스럽습니다!'

그때까지만 해도 영어를 못하는 불편함은 크게 느껴지지 않았다. 문제는 렌터카를 인수하는 순간, 시작되었다. 렌트 기간을 조정해야 하고, 주행 방법과 주의 사항을 정확히 들어야 했다. 그런데 우리는 영어를 잘하지 못했다. 특히 나는 참 못한다. 다행히 현대 문물을 활용하는 센스가 있어, 번역 앱 '파파고'로 소통할 수 있었다. 파파고는 마치 통역 천사처럼 우리와 현지 세상을 이어주었다. 결국, 외국에서 부딪히는 장벽은 언어가 아니라 내 안의 결심과 배짱이라는 알게 되었다.

당황스러운 사건도 있었다. 숙소 앞에 세워 둔 자동차가 다음 날 감쪽같이 사라져 버린 것이다. 분명히 주차 칸 안에 예쁘고 단정하게 넣어 두었는데…, 심장이 쿵 하고 내려앉았다. 알고 보니 주차기에 등록하지 않아 견인된 것이다. 렌터카 회사에 전화해 상황을 설명하고 차량을 어떻게 찾아야 하는지 알아봐야 했다. 얼굴을 맞대고 의사소통하는 것도 어려운데 전화라니, 거의 「미션 임파서블: 포르투갈」이었다.

우리는 길거리 현지인을 찾아 도움을 청하기로 했다. 하지만 출근길의 바쁜 사람들 사이에서 "Excuse me"를 꺼내는 것은 생각보다 어려웠다. 그때 도로 건너편에 작은 카페 하나가 눈에 들어왔다. 나는 그곳으로 향했고, 물어봤다. "Can you speak English?" 주인은 환하게 웃으며 "Yes"라고 답했다. 그 순간 '아! 이제 살았다.' 안도감이 밀려왔지만, 곧바로 현실을 깨달았다. '아뿔싸' 나는 'I can't speak English'였다.

차분히 냉정함을 찾은 뒤 파파고의 도움으로 상황을 설명했다. 덕분에 견인 보관소를 알아낼 수 있었다. 차를 찾으러 가는 길은 두렵기도 했지만, 스릴과 함께 진정한 모험가가 된 기분 들었다.

포르투의 숙소에서는 갑자기 전기가 나가버렸다. 깜깜한 곳에서 휴대전화 불빛에 의지해 쪼그려 앉은 모습은 마치 영화 속 한 장면 같았다. 호스트에게 상황을 알리려 전화했지만, 우리의 서툰 스피킹이 문제인지, 호스트의 리스닝이 문제인지 소통이 원활하지 않았다. 결국 나는 절박함으로 "Electronic down! All black! Black! Help me!"를 외쳤고, 5분 만에 호스트가 달려와 주었다. 언어는 문법이나 발음이 아니라 절박함으로도 소통이 가능하다는 것을 확인한 순간이었다.

여행은 결국 언어의 시험장이 아니라 마음의 연습장이라는 것을 깨달았다. 말이 막혀도, 의지를 갖고 한 걸음 내디디면 세상과 연결되는 길은 열리기 마련이었다.

서툴지만, 그 속에서

예상치 못한 사건은 계속됐다. 귀국 항공편이 취소되어 독일 경유로 변경해야 했고, 친구가 여권을 분실할 뻔하기도 했다. 텍스 리펀을 위해 헤매는 일 등 수많은 난관이 있었지만, 우리는 하나씩 해결해 나갔고, 다행히 국제 미아가 되지 않고 무사히 돌아올 수 있었다.

　리스본의 언덕, 포르투의 골목, 우스꽝스럽게 영어를 외치던 내 목소리. 모든 순간이 소중한 기록으로 남았다. 공항에 앉아 창밖 비행기를 보며, 낯선 땅에서 겪은 일들을 웃으며 떠올릴 수 있다는 것에 감사했다. 여정의 모든 순간이 나에게 주어진 소중한 선물이었다.

　여행의 목적지는 결국 특정한 장소가 아니라, 길 위에서 마주한 '나 자신'이었다. 비록 서툴고 흔들렸지만, 그 여정 속에서 나는 조금씩 진짜 나에게로 다가가고 있었다. 돌아보면, 그 모든 걸음이 결국 나를 찾아가는 길이었다.

김호영

오늘을 쓰는 사람

사람들은 흔히 "세월이 약이다"라고 말한다. 하지만 나는 이렇게 말하고 싶다. "시간의 흐름은 약이 아니라 잊힘이다." 상처를 치유하는 듯 보이지만, 사실은 그 고통을 덮어 희미하게 만들 뿐이다. 그리고 그 희미함 속에서 우리는 종종 중요한 것을 잃는다. 그때의 감정, 눈빛, 그리고 말을 건넸던 순간의 떨림까지. 그런 순간들을 그냥 보내버리면, 기억 속에서조차 그날의 온기와 진심은 점점 사라진다. 나는 그것을 허락할 수 없었다.

그래서 나는 기록한다. 글을 쓰고, 사진을 찍고, 메모를 남기는 것은, 흘러가는 순간을 붙잡고, 하루의 기억을 지켜내는 작은 저항이다. 기억이 물처럼 흘러간다면, 기록으로 남긴 글과 사진들은 그 물결을 한 컵 떠서 변색하지 않게 보관하는 일과 같다. 종이에 남은 잉크가 바래고, 촬영한 장면이 흐려져도, 그날의 온기와 흔적은 여전히 내 안에서 속삭인다.

많은 사람이 과거를 지우고 흐름을 미화하는 세상에서도, 나는 꼬불삐뚤한 글씨, 초점이 맞지 않은 흐릿한 사진, 어설프고 서툰 흔적까지 소중히 남긴다. 그것이야말로 내 삶의 초본 같아서, 함부로 버릴 수 없기 때문이다.

기록은 완성된 작품이 아니다. 그저 '나답게 살아온 발자취'일 뿐이다. 오늘 흘려보낸 순간과 감정을 내일 다시 찾을 수 있도록 남겨두는, 삶의 보험이자 마음의 영수증과 같은 존재다.

인생이 예상치 못한 급커브를 돌 때, 그동안 써온 메모들은 내면의 에어백이 되어준다. 누군가는 영상으로, 누군가는 일기로, 또 누군가는 채팅 대화방 속에 자신의 하루를 남긴다. 형태는 달라도 결국 우리는 모두 사라지지 않기 위해 존재를 확인하고, 기억을 붙잡기 위해 흔적을 남기는 사람들이다.

하루를 붙잡는 먼지 쌓인 흔적

나는 예전부터 하루하루의 소소한 순간들을 글로 적고 사진과 영상으로 남기는 것을 유난히 좋아했다. 블로그가 생기기 전부터 가족 카페를 만들어 일상의 조각들을 채우곤 했다. 아이들은 자신들의 사진이 인터넷에 떠도는 것이 싫다며 "제발 올리지 마!"라고 애원했지만, 나는 '슈퍼 갑' 엄마로서 "엄마의 기록은 예술이야!"라며 무시했다.

식탁 위의 반찬, 남편의 농담, 아이들의 모습, 봉사 현장, 커피 한 잔의 온도까지 담아내고 싶었다. 누가 보면 '자신을 드러내고 싶은 사람'이라 여길 수도 있지만, 사실은 순간을 잡고 싶은 마음에서 비롯된 일이다.

일상의 장면들을 글과 사진으로 남기고, 연말이면 그것들을 모아 한 편의 '동영상'을 만드는 것이 나의 연례행사였다. 그런데 요즘은 좀처럼 끄적일 여유를 갖기가 어렵다. 하루의 업무를 해결하기도 벅차 가족 카페와 블로그는 먼지 쌓인 서랍처럼 방치되어 있다. 그럼에도 나는 여전히 흔적을 남기고 싶어 한다. 글이든, 사진이든, 아니면 마음속 메모장에라도. 이것이 결국 '나를 알아가는 일'이라고 생각하기 때문이다.

세컨드 라이프

『김미경의 마흔 수업』에서 그녀는 말한다. "멈추지 말고, 계속 성장하라."

나도 문득 생각한다. '그동안 꽤 열심히 살아왔으니, 이제는 조금 쉬어도 되지 않을까?', '책도 읽고, 여행도 하고, 좋아하는 사람들과 수다도 떨고, 음악을 들으며 커피를 마시는 그런 느슨함을 누려도 되지 않을까?'

하지만 그녀는 말한다. '그것도 좋지. 그런데, 그것만 한다면?' 마치 내 마음속에 조용히 물음표 하나를 던져놓는 듯하다.

인생의 두 번째 페이지, '세컨드 라이프(Second Life)'를 어떻게 써야 할까. 김미경은 인생 100세를 하루 24시간으로 비유해 계산해 보라고 한다. 그 계산법에 따르면, 나는 지금 오후 두 시를 지나고 있다. 햇빛이 한창이고, 석양은 아직 그림자도 비치지 않는다. 그렇다면 주어진 하루하루를 소중히 만지며, 나답게 즐기고 싶다.

목적과 목표를 품고 걸어가되, 가끔은 나만의 퀘렌시아(Querencia)를 찾아 길가의 작은 들꽃들과 눈인사를 나누고, 바람의 숨결을 느끼며, 노래도 흥얼거리고 싶다. 공부도, 일도, 신앙도, 삶도, 허락하신 은혜에 감사하며 조금은 느슨하게, 그러나 진심으로 즐기고 싶다. 부족하고 연약한 내 모습 그대로를 받아들이며, 그 안에서 조금씩 자라가는 인생이면 충분하다.

나는 그녀를 좋아한다. 강의를 잘해서도, 이름이 널리 알려져서도 아니다. 그녀에게 끌리는 이유는 다른 곳에 있다. 부단한 노력과 열정, 하루를 대하는 진정성, 세상을 바라보는 진심 어린 시선이 좋다. 끊임없이 자신답게 살아가려고 연구하는 모습이 멋지다.

그녀는 "우아하고 품격 있는 삶을 원한다면, 멈추지 말라."고 강조하는데. 아날로그 세대인 나는 디지털 세상의 속도를 따라가기가 버겁다. 휴대폰은 매일 진화하여 점점 더 똑똑해지는데, 나는 그만큼 뒤처지는 기분이 든다. '이걸 배워야 할까, 아니면 그냥 흘려보낼까?' 하고 망설이는 사이에 세상은 이미 저만큼 앞서 나가 있다.

나답게 살아가는 내일을 위해

2023년 봄, 나의 첫 공저 『시작을 씁니다』를 출간했다. '언젠가 책을 쓸 거야'라는 막연한 꿈이, 아들의 한마디로 현실이 되었다. 그해 1월, 가족여행 중 아들과 걸으며 "나는 5년 뒤쯤 책을 쓸 거야" 했더니, 아들이 "엄마, 왜 5년 뒤야? 그냥 지금 써"라고 했다.

나는 "아직 지식도, 능력도 부족해서 조금 더 내공을 갖춘 후에"라고 말했지만, 아들은 "엄마 정도면 충분히 쓸 수 있어. 베스트셀러 작가가 되려는 게 아니잖아. 그냥 엄마를 적고 싶은 거잖아."라고 말했다. 그 말이 나를 움직였다.

구정 연휴 내내 엉덩이 한 번 떼지 않고 써 내려간 글이, 나의 첫 책 『시작을 씁니다』가 되었다. 시간 없다는 핑계와 싸우고, 머릿속에 글이 없어 생각을 길어 올리며 씨름하던 날들, 쉽지 않았지만 분명 아름다운 도전이었다.

올해 5월에는 내가 일하는 곳에서 창립 15주년 기념 『나의 친구라』를 발간했다. 사례 부분을 맡아 적었고, 그리고 지금, 가족이 모여 웃음소리로 가득해야 할 이 추석 연휴에, 홀로 글 앞에 앉아 또 다른 공저를 준비하고 있다.

김미경은 말한다.

"어른이 된 나를 위하고 다시 일으켜줄 사람은 나밖에 없다. 꾸준함은 기적을 만든다고. 새벽 기상이든 공부든, 뭐든 1,000일 이상 하면 그 자체로 브랜드가 된다."

거창한 꿈을 좇는 대신, '오늘의 나를 써 내려가는 일'로 나만의 기적을 만들어가고 싶다. 그것이 '나답게 살아가는 내일'로 이어지리라 믿는다. 오늘도 나는, 나의 또 다른 발걸음에 조용히 기대어 본다.

김효영

인내하고, 참고, 눈감아주고, 베풀고, 손해가 나는듯
해도 속아줄 땐 속는 척해라.
〈서울깍쟁이와 딸각발이의 차이〉

2장
서툴지만 괜찮은 어른으로

어설픈 독서광

나는 독서광이다. 아니, '독서꽝'이다. 책을 좋아한다. 아니, 사실은 책 '사는 것'을 더 좋아한다.

초등학교 시절, 우리 반에는 공부를 아주 잘하는 친구가 있었다. 아마 6학년 때였을까? 역사 과목 시간에 그 친구는 내가 알아듣지 못 할 말들을 자주 했다. "신라가 아니라 고구려가 통일했더라면 우리나라 역사는 달라졌을 거야." 뭐라는 거야, 싶었다.

마침 그 친구 집에 놀러 갈 기회가 있었는데, 집 안에는 책이 정말 많았다. 그중에서도 유난히 눈에 띈 것은 백과사전 전집이었다. '아, 저런 책을 읽으니까 저 친구는 똑똑한 거구나.' 아마도 막연한 생각이었겠지만, 그때 나도 똑똑해지고 싶다는 마음이 들었나 보다. 그 책이 무척 부러웠다.

그래서 엄마에게 책을 사 달라고 졸랐다. 하지만 우리 엄마는 옷을 사달라고 하면 흔쾌히 사주면서도, 책을 사 달라 하면 늘 거절하셨다. 그 덕분에 성적이 잘 나오지 않으면 엄마 핑계를 댈 수 있었다. 결국 나는 끝내 백과사전을 갖지 못했다.

갖지 못한 자의 동경의 마음이 내 안에 생겨난 것이었을까?, 그로부터 시간이 흘러 20대가 되어 경제적 자립을 시작한 때부터 책을 사서 읽기 시작했다. 그때부터 사 모은 책이 지금은 이천여 권이 되니, 꽤 많다. 하지만 모은 책의 양에 비하여 독서력과 지식을 자랑하지는 못한다. 책을 읽지 않는 사람과 별 차이점은 없다. '무슨 책을 읽어야 할까.', '어떻게 책을 읽어야 읽은 내용이 내 안에 자리를 잡을까.' 그런 고민을 하면서도 살기 바쁘다는 핑계로 책을 사서 모으는 것도, 책을 읽는 것도 재미를 잃어갔다. '안 되겠다. 나도 책을 더 잘 읽고, 뭐라도 알고 살아야겠다'라는 마음이 샘솟아 다시 독서에 매진하게 되었다.

『독서 천재가 된 홍 대리』 시리즈로 초심자의 마음으로 독서를 배우기로 했다. 그 안에 제시된 여러 분야의 추천 도서 중 읽은 책과 보유하고 있는 책에 동그라미를 그리며 혼자 흐뭇해했다. '지성의 폴레폴레'라는 온라인카페에도 가입하여 참여도 해보았다. 『나는 이런 책을 읽어왔다(다치바나 다카시)』, 『부자나라 임금님의 성공 독서전략(사이토에이지)』등을 읽으며 책읽기를 연습해 보았다. 그로부터 또 10여 년이 흐른 지금도 책에 대한 구매력은 높아졌으나 독서력은 별로 나아지지 않았다.

시간이 흐르고 코로나 시대를 지나며 온라인이라는 신세계를 알게 되었다. 온라인 세계에서 만난 사람들은 나만 빼고 모두 열심히 잘 사는 것처럼 보였다. 책, 그림, 요리, 육아, 직업 등 다양한 모습의 사람들을 보게 되었다. '사람들의 도움을 받으면 좀 나아지려나, 오호라 독서 모임도 있지….' 혼자 하는 독서보다는 독서 모임에 참여하면 더 나을 것 같았다. 다양한 모임 중에 독서 모임이 나를 이끌었다. 온라인독서 모임을 선택했다. 처음 참여한 온라인독서 모임은 시간이 흐르며 흐릿해지고, 활성화되지 못했다. 두 번째 독서 모임은 오프라인 독서 모임에 참여하였으나 이 역시도 오래 지속되지는 못했다.

'하늘은 스스로 돕는 자를 돕는 법'이라더니 처음 온라인 독서 모임에서 만났던 한 분이 자신이 운영하는 북클럽이 있다며, 참가를 제안해주셨다. '나날 북클럽', 북클럽은 같은 책을 읽고 매주 금요일 6시에 한 시간가량 온라인 줌을 통하여 만나고, 마지막 주 금요일에는 오프라인 모임을 한다. 다소 부담은 되었지만 억지로라도 책을 읽을 수 있겠다는 마음에 용기를 내 참여하기로 한다.

'나날 북클럽'은 총 6인으로 구성되어서 모임을 진행하며 책을 읽고 나눈다. 처음엔 금요일 6시가 오후 6시라 생각하고 퇴근 후에 어디에서 줌을 해야 하나 몇일을 고민했는데 알고 보니 아침 6시였다. 이건 더 큰 일이었다. '어떻게 일찍 일어나지?' 이것부터가 내게는 매우 큰 도전이었다. 처음 의지와 다르게 성실한 회원은 못되지만, 마음만은 열심히 참여하고자 하여 어느덧 10개월 정도가 되었다.

제법 많은 책을 읽어 왔다. 『소년이 온다(한강)』부터 『늙는다는 착각(엘렌 랭어)』, 『백년의 지혜(김형석)』, 『유리알 유희

(헤르만 헤세)』,『어머니 나무를 찾아서(수잔 시마다)』,『당신이 옳다(정혜신).』,『마지막 수업(이어령)』등을 읽었다. 2주에 한 권꼴로 책을 읽는데, 모두 완독하는데 난 완독하지 못하는 경우가 많다. 우리 모임의 특징은 책을 읽고 매주 나누고, 마지막 주 오프라인 모임에는 읽고 있는 책과 연관성 있는 장소를 가 본다.

우리는『어머니 나무를 찾아서(수잔 시마드)』라는 책을 읽는 중이었다. 캐나다 브리티시 컬럼비아 대학교 산림학과 삼림 생태학 교수 수잔 시마드박사는 산과 숲에 당연한 듯이 자라나 있는 수많은 나무 중 유난히 자신의 가진 역량을 작고 어린나무들의 생장에 도움이 될 수 있도록 돕는, 즉 어머니의 역할을 하는 나무가 있다는 가설을 밝혀내 가는 긴 여정에 관한 책이다. 수잔 시마드 박사의 가족은 선주민으로부터 대대로 숲에서 나무를 베며 생계를 유지해 왔다. 전통적인 나무꾼들은 자연이 주는 혜택을 최대한 이용하되, 숲이 스스로 재생할 수 있는 여지를 늘 남겨두었다. 그리고 일정 거리 안에 모여 사는 나무들 중 가장 크고 오래된 나무는 어머니의 역할로서 존재하는 사실을 과학적으로 밝혀내었다.

"어쩌면 진균은 가장 힘겨운 환경에서 공동의 목적, 즉 번

성하기 위해 나무들을 모아들이면서 무리 짓는 역할을 했을 수도 있다."

책을 읽을 당시 속초에서 모임을 갖기로 했다. 속초 금강산 건봉사에 '어머니 나무'가 있다고 하여 방문하였다. '어머니 나무'의 둘레는 사람 다섯 명이 손을 잡고 에워싸야 할 만큼 크고, 곧은 자태와 쭉 뻗은 가지의 소나무로 진짜 숲에 있는 모든 나무들을 지켜주는 것 같았다. 아주 잘생긴 그 나무를 보며 가정을 지키는 아버지와 어머니처럼 숲을 지키고자 하는 모습을 그려보았다. 우리는 함께 나무에 손을 얹고 기도하며, 책을 함께 읽고 나누는 의미와 즐거움을 새롭게 느꼈다.

앞서 말한 것과 같이 나는 '독서광'이 아닌, '독서꽝'이다. 아직도 책을 '읽는 것'보다 '사는 것'이 더 좋고, 책을 '읽는 것'보다 '냄새 맡는 것'을 더 좋아한다. 지금도 책에 대한 구매력을 자랑하는 나의 온라인 장바구니에는 책이 가득 담겨있고, 온라인 서점의 회원등급인 골드등급, VIP 등급을 마치 훈장처럼 생각한다.

많은 사람은 책을 읽고 작가가 되고, 강사가 되고, 더 나은 사람이 된다는데, 아직도 책 한 권을 겨우겨우 읽어내고 있는 자신에게 위로를 건네본다.

'그래도 괜찮다. 나는 이제 '독서꽝'이 아닌 '독서광'으로 거듭날 테니까'. '나날 북클럽'과 함께 나날이 발전하는 내가 될 테니까…'

『독서 천재 홍 대리』에서 말한다. "독서는 꿈을 현실로 만들어주는 강력한 수단이라고. 제대로 된 독서를 하는 사람은 누구나 다른 사람의 인생이 아닌 자신만의 꿈을 살 수 있다고!"

정은미

수다로 그리는 그림

코로나 시대를 지나며 세상이 바뀌듯 나 또한 많은 경험을 하게 되었다. 그중 가장 영향을 준 것은 '김미경 씨의 미라클 모닝 514챌린지'를 계기로 온라인 세계를 경험하고, 그 안에서 많은 정보도 얻은 일이다. 그중 암호화폐, 블록체인 등을 주워들으며, 'NFT라는 것을 배우면 나도 할 수 있겠는데.'라는 생각이 들었다.

그래서 그때부터 시작한 것이 아이패드로 그림을 그려 나만의 NFT를 만들어 판매하겠다는 근사한 계획이다. "지금껏 경험하지 못한 특별함을 원한다면, 한 번도 해본 적 없는 일을 기꺼이 해내야 한다."라는 토머스 제퍼슨의 말처럼 한 번도 해본 적 없는 것에 도전해 보기로 했다.

오래전 종이접기를 배웠는데 그때 종이접기를 알려주었던 선생님이 같은 쨱쨱이라는 것을 우연히 알게 되었다. '쨱쨱이'란 2022년 김미경 씨가 진행한 미라클모닝514챌린지에 참여한 사람들을 일컫는 별명으로 그 공감대는 참으로 대단했다.

지선생님을(종이접기 선생님을) 편하게 '지쌤'이라고 부르는데, 지쌤은 미술전공자로 종이접기 강사 외에 여러 미술 활동을 많이 하시고, 아이패드 그림에 관한 관심이 있어서 공감대가 형성되었다. 마침, 지쌤이 아시는 갤러리 관장님께서 아이패드로 그림을 그리는 모임을 만든다는 것을 알게 되어 반가웠으나, 우리가 참여하기는 불가능한 시간이었다. 우리는 둘이 꼭 참여할 테니 가능한 저녁 시간에 모임 반을 개설해주기를 요청하였다. 갤러리 관장님, 지쌤, 나, 그리고 당근으로 정보를 알고 참여한 회원, 이렇게 함께 수요일 저녁에 시작하였다.

'아이패드로 그림 그리는 모임.' 그 이름을 줄여서 '아이모'이다. 갤러리는 경복궁 옆 서촌에 있는 '갤러리B'다. 우리 집으로부터는 3호선 끝과 끝이다. 퇴근 후 경복궁까지 다녀오기가 만만치 않다. '그래도 도전~!!' 우리는 매주 수요일 저녁 7시 30분. 모임은 2시간 동안 휴일 없이 진행된다.

드디어 첫 모임. 원해서 시작한 모임이었으나 막상 참여하려니, 가야 하나 말아야 하나 고민이 되는 것은 나만의 일은 아닐 것이다. 잘 알지도 못하면서 참여하겠다며 고가의 아이패드를 망설임 없이 구매한다. 그런 나를 보며 우리 가족들은 얼마나 오래 하겠냐는 의심의 눈길을 보내지만, 또 한편으로는 "열심히 해봐!"라는 응원의 말도 함께 해준다. 아이패드를 처음 구동하며 '프로 크리에이트'라는 앱을 설치한다. 첫 수업은 간단한 과일이나 케이크 그려보기다. 어려운 것 같지는 않은데 어렵다. 그림에 소질이 없고, 그림을 잘 그리지도 못하고, 그림을 그려본 적도 없는데 어디서 그런 용기가 났을까?

'에잇, 일단 그리고 보자.' 삐뚤빼뚤 찌그러진 케이크지만 그런대로 크림도 그리고, 딸기도 그리고, 그냥 그리는 거다.

2022년 7월에 시작했으니 벌써 만 3년 차다. 그동안 회원 수가 늘고 변경도 있었지만, 지쌤과 나는 꿋꿋이 자리를 지키고 있다. 모임의 수장인 관장님께서 자리를 잘 지켜주시니 모임이 더욱 견고해진 듯하다. 모임의 회원 수가 많아지고, 다양한 연령층과 다양한 직업군의 사람들로 확장되었다. 처음에는 한 가지 주제로 그림을 그렸다. 자화상, 풍경 등. 그 다음은 서로의 실력이 달라 각자 개성대로 자기 그림을 그리고 있다. 그렇게 작품이 쌓여 1년에 한 번씩 정기전시회를 진행한다. 아이모는 내가 속한 수요일 저녁반이 있고, 목요일 오전반이 있다. 시간이 다르다 보니 모임의 분위기가 좀 다르다고 한다. 그러나 전시는 함께 진행한다.

2024년 1월 우리는 제주도 작은 갤러리에서 초대전을 하게 되었다. 전시 기간은 한 달. 수요반과 목요반, 함께 전시회 준비 및 개회식 등을 위하여 2박 3일 제주 여행을 계획했다. 물론 총괄은 관장님께서 진행하셨다. 각자 자기 작품을 준비하고, 팸플릿을 만들고, 판매용 그림엽서, 포스터. 작품에 관하여는 여기까지.

우리는 그림을 그리며 입은 쉬지 않는다. 제주도에 맛집은 어디고, 어디를 방문할 것인지, 무엇을 타고 다닐지, 많은 인원이 어떻게 다니며 진행할지, 여행을 가기 전까지 여행계획에 즐겁기만 하다. 처음으로 함께한 수요반과 목요반의 분위기는 매우 달랐다. 수요일 저녁반은 나이, 직업 등이 다양했지만, 목요일 오전반은 연령층이 비교적 높고, 수채화, 유화 등을 병행하며 그림을 그리시는 분이 많았다. 분위기뿐만 아니라 이름도 달랐다. 목요반 회원분들은 연장자로 모두 언니들이었다. 목요반 회원은 다섯 분 정도 함께하였는데, 이름에 끝 자가 '순'과 '희'로 끝났다. 그와 달리 수요반은 연령층이 다양하고 이름도 제각각이다. 모두 10명 정도 함께 했는데 우린 첫날 바로 나뉘었다. 수요반과 목요반이 아닌 '순희파'와 '안순희파'로 나뉘었지만 즐거움은 배가 되어 2박 3일이 어떻게 지나갔는지 모른다.

회원들은 모두 즐거운 모임과 전시를 생각하며 그림을 그린다. 그림을 그리며 벚꽃축제도 가고, 진달래 축제도 가고, 저 멀리 바닷가 캠핑도 다녀온다. 직접 다녀오는 곳도 있지만 수다로만 다녀오는 경우가 대다수이다. 다들 직업과 직장이 있어서 시간이 자유롭지 않아 함께 하기에는 어려움이 있다. 우린 벌써 베트남, 일본 등 해외 전시도 하고 있다. 물론, '말로만.'

그렇다고 모든 것을 말로만 하지는 않는다. 지난해 가을에 수요반 회원들은 요트를 체험했다. 선생님 중 한 분이 자유인이신데 요트 평생회원이시란다. 우리에게 새로운 경험을 제공해주기 위해서 한강에서 요트를 탈 수 있도록 준비해 주셨다. 한강 한가운데 요트에서 보는 한강의 노을은 마치 한 폭의 그림 같았다. 어찌나 멋지던지 그것도 우리에겐 하나의 작품이 되어준 시간이었다. 요트에서 우리는 모두, 마치 타이타닉의 주인공처럼 뱃머리에 서서 바람을 가르기도 했다. 이처럼 말로만 하던 것들이 이루어지기도 한다.

우리가 수다로만 그리던 것 중 많은 것들이 언젠가 현실로 이루어질 것이다. 시간이 지나고 실력이 쌓이니 회원 한 분씩 개인전도 진행하신다. 전시 중 가장 멋지게 생각되는 것이 '환갑 기념 전시회'이다. 2025년 현재 우리는 정기전 및 초대전 포함 5회의 전시회를 진행하였다. 매해 정기전시회를 진행하고, 연말에는 회원들의 작품을 담아 다음 해의 달력을 제작한다. 열두 달의 달력 중, 내 그림이 한 달 내내 펼쳐져 있으면 부끄러우면서도 반갑다.

올해는 관장님께서 매달 '이달의 작가'를 소개해 주시고, 그 작가의 화풍으로 그림을 그려보고 있다. 그림그리기를 힘들어하고 특색이 없는 나를 위한 배려이다. '오세열 작가', '조지아 오키프(Georgia O'Keeffe)'등. 다른 이들은 모두 자기만의 색이 있지만 그렇지 못한 나는 소개되는 작가의 작품을 따라 그려본다. 미술전공자분들, 강사님, 교수님, 감독님,

작가님, 화가님들이시다. 하지만 상관없다. 서툴고 미숙해도 난 나대로의 세계가 있다고 생각한다. 매번 멋진 그림을 그리고 싶은 욕심에 마음이 흔들리지만….

  해마다 연말에는 함께 작품을 모아 다음 해의 탁상달력을 만드는데, 올해는 '내 작품만'으로 내년도의 탁상달력을 만드는 것이 목표이다. 친구에게 새해 선물로 주었던 달력을 친구가 해가 지고 나도 버리지 못하고 달력을 좋아하고 사랑해주기 때문이다.

  서툴고 부족하지만 늘 용기를 주고 응원해주는 내 주변 사람들에게 무언가라도 전할 수 있어서 참 좋다. 그리고 잘하고 있다고 나 자신을 칭찬해 준다. 지금은 비록 그림그리기보다는 '수다로 그리는 그림' 모임에 흠뻑 빠져있지만, 나의 작품 세계는 앞으로 더 좋아질 것이다. 너무 좋은 우리 '아미모 회원'들과 함께하니 이보다 더 좋을 수 없다.

정은미

원더우먼 신드롬

 '슈퍼맨'과 '원더우먼'을 누구나 한 번쯤은 들어봤을 것이다. '슈퍼맨'은 육체적으로나 정신적으로 '초능력을 가진 사람'을 말한다고 한다. 슈퍼맨은 1970년대부터 2025년 현재에 이르기까지 몇 대의 배우들을 거치며 만들어진 영화로, 시간이 흘러도 변하지 않는 것은, 슈퍼맨은 어려움이나 곤경에 처해있는 사람을 위해 어디선가 나타나 초능력을 발휘해 도움을 주고 구해준다는 이야기다.

 TV 프로그램 중 '슈퍼맨이 돌아왔다'라는 프로그램은 아이의 육아를 아빠가 전담하는 시간을 갖는 프로그램으로 오랜 장수 프로그램이다.

슈퍼맨이 남자 혹은 아빠로 대비된다면 여기에 대적할 만한 여인이 있었으니, 그는 바로 '원더우먼'이다. '원더우먼'은 모든 일을 척척 해내는 여성을 비유적으로 이르는 말로 '초능력'을 가진 만화주인공의 이름에서 유래하였다고 한다. 아빠가 슈퍼맨이라면 엄마는 원더우먼으로 육아뿐 아니라 회사 일, 가정일, 그 외 다수의 일들에 대하여 모든 일을 척척 해낸다.

나 또한 원더우먼이었다. 그러나 '과연 원더우먼이었을까?', 아니면 '신드롬에 빠진 것이었을까?' 되묻는다. 유행에 민감하기로는 누구에게도 뒤지지 않기로 마음먹었으니, 연애부터 결혼식, 출산, 돌잔치, 그 외 기타 생활, 직장생활, 각종 연회에 이르기까지 완벽하게 이루고야 말겠다는 욕심 가득한 시절이 있었다. 이것이 바로 '원더우먼 신드롬'이었으니 네이버 어학사전에 "여성들이 가정과 직장에서 모두 완벽해야 한다는 생각은 슈퍼우먼 신드롬을 낳았다."라고 알려진다.

아이출산 후 2개월 만에 직장에 복귀했다. 지금과 다르게 내가 아이를 출산한 2005년 당시에는 출산휴가나 육아휴직이 자유롭지 못했다. 특히, 중소기업은 그런 제도가 있어도 자유롭게 제도를 사용하는 문화가 형성되어있지 않았다. 출산휴가 3개월을 다녀오니 내 자리는 없어졌다. 물론, 대체인력을 충원해서 그랬겠지만, 오랜 기간 근무했고, 합법적으로 다녀온 휴가 기간이었기에, 그런 회사의 행태가 너무 서운하고, 괘씸하다는 생각까지 들었다.

첫 출근 당일 당당히 자리를 요구하여 자리를 찾았고, 계속 근무를 이어갔다. 다시는 자리를 빼앗기지 않기 위해 그날부터 아주 열심히 고군분투하며 기존 업무가 아닌 새로운 업무에 도전하며 13년을 근무하고 퇴사했다. 퇴직 후 3년 후에 재입사하여 지금까지 자리를 지키고 있다. 물론, 지금도 언제 자리가 없어질지 몰라 위태롭기는 마찬가지이긴 하지만….

아기는 시부모님이 돌봐주시기로 하셨고, 시부모님의 적극적인 지지로 직장생활을 지속할 수 있었다. 아기는 시어머니가 돌봐주셨는데, 생색은 시아버지가가 내셨다. 시어머니가 아기를 봐주는 조건은 있었다. 아기는 돌봐주되, 밤에 아기 잠은 우리와 함께 자야 한다는 것이다. 그렇게 시작한 아기와의 출퇴근은 전혀 쉽지 않은 일이었다. 남편은 출근을, 나는 퇴근을 담당했다. 차려진 저녁만 먹고 나오기 어려워 설거지까지 하고 집에 오면 저녁 9시. 그나마 그건 다행이다.

난 매일 야근해야 하는 상황이 되었는데 그땐 참 힘들었던 것 같다.

아기한테 모유를 먹이겠다며 매일 유축을 하고, 이유식을 잘 먹어야 한다며 열심히 끓였던 이유식이 생각난다. 아이한테 다른 걸 해줄 수 없으니 할 수 있는 만큼 완벽해지고 싶었나 보다. 그러나 다 필요 없었다. 시어머니는 "애가 잘 안 먹는다. 물 말아서 주면 제일 잘 먹는다."라며 버린 이유식과, "모유보다는 분유를 잘 먹는다."라며 버린 모유들을 생각하면 너무 슬펐다.

무엇이든 제일 좋은 것으로, 내가 할 수 있는 한 최대한 잘하고, 무엇보다 잘하고 싶은 마음이 컸던 것 같다. 아마 난 내가 일이든 육아든 집안일이든 뭐든 다 잘하는, 잘 해낼 수 있는 원더우먼인 줄 알았나 보다. 아니, 어쩌면 '원더우먼이 되고 싶었다'는 표현이 더 정확할지도 모르겠다.

아이가 초등학교 입학할 때쯤 그렇게 애쓰며 힘들게 지켜내던 회사의 내 자리를 박차고 나왔다. 아이가 학교에서 돌아왔을 때, 엄마의 부재에 대한 슬픔을 주고 싶지 않았던 마음이 회사의 한자리를 지키는 마음보다 더 컸었다. 그 마음에 크게 영향을 주었던 것은, 학교에서 돌아오면 엄마가 없던 서운했던 나의 지난 시간이었고, '류시화'님의 잠언 시집 『지금 알고 있는 걸 그때도 알았더라면』이라는 책에서 읽은 글이었다.

「성장한 아들에게」

내 손은 하루 종일 바빴지.
그래서 네가 함께하자고 부탁한 작은 놀이들을
함께 할 만큼 시간이 많지 않았다.
너와 함께 보낼 시간이 내겐 많지 않았어.

난 네 옷들을 빨아야 했고, 바느질도 하고, 요리도
해야 했지.
네가 그림책을 가져와 함께 읽자고 할 때마다
난 말했다.
"조금 있다가 하자, 얘야."

밤마다 난 너에게 이불을 끌어당겨 주고,
네 기도를 들은 다음 불을 꺼주었다.

그리고 발끝으로 걸어 조용히 문을 닫고 나왔지.
난 언제나 좀 더 네 곁에 있고 싶었다.

인생이 짧고, 세월이 쏜살같이 흘러갔기 때문에
한 어린 소년은 너무도 빨리 커버렸지.
그 아인 더 이상 내 곁에 있지 않으며
자신의 소중한 비밀을 내게 털어놓지도 않는다.

그림책들은 치워져 있고
이젠 함께 할 놀이들도 없지.
잘 자라는 입맞춤도 없고, 기도를 들을 수도 없다.
그 모든 것들은 어제의 세월 속에 묻혀 버렸다.

한때는 늘 바빴던 내 두 손은
이제 아무것도 할 일이 없다.
하루하루가 너무도 길고
시간을 보낼 만한 일도 많지 않지.

다시 그때로 돌아가, 네가 함께 놀아 달라던

그 작은 놀이들을 할 수만 있다면.

_작자 미상 . 앨리스 그레이 제공

아이의 시간은 나를 기다려 주지 않을 것이라는 생각이 무엇보다 강했다. '나중에 돌아봤을 때 무엇을 후회할까?', '어떤 시간을 그리워할 것인가?', '원망은 없을까?', '무엇보다 내가 함께하면 아이가 더 잘 크고 좋지 않을까'라는 마음들이 많았던 것 같다. 하지만 현실은 그와 다르게 '내가 없었다면 더 낫지 않았을까?'라는 생각이 종종 들곤 한다. 그래도 아이와 함께 보낸 시간 덕분에, 아이 정서가 안정되었던 시간은 부정할 수 없고, 그 덕분에 행복한 추억을 많이 나누며 지내고 있다.

그런 시간이 모여서 지금의 내가 되지 않았나 싶다. '지금은 대충해…', '그럴 수 있어…' 이런 말을 입에 달고 산다. 지금 생각해보니 원래의 나는 대충대충 하는 사람이었던 것 같다. 대학 때 교수님께서 하신 말씀이 생각난다. "누구누구는 바늘로 찌르면 피 한 방울 안 날 것 같은데, 은미야 그런데 너는 피나! 아주 많이 나" 지금 생각해도 이 말은 나에게 너무 강렬했다. 그래서일까? 주변인들은 나에게 "손 많이 간다.

나 없으면 너 어떡하냐?", "넌 2% 부족하다"라는 등 뭐 그런 부족하다는 말을 나에게 종종 한다. '나 가스라이팅 당하는 건가'라는 생각이 들 때도 있지만 '그 말을 들어도 상처받지 않을 만큼 내가 완벽하다는 거겠지.'라며 자신에게 위로를 보낸다.

다소 부족하고 모든 것이 완벽하지 않은 것이 단점일 수 있지만, 그 또한 나만의 매력이라고 생각한다. 전문적이진 않지만 많은 것을 다 해낼 수 있다는 자신감. 이건 아마 시간이 나에게 준 선물일 것이다. 나자신에게 별명을 지어주었다. '프로땜질러' 여기저기 구멍 난 곳을 메우는 역할을 충실히 하는 나에게 지어준 별명이다. 좀 더 멋지게 불러준다면 '멀티플레이어'라고 한다. 이 또한 자신에게 용기를 주는 말들이다. 나를 다독이며, 위로하며, 응원하며 보내는 시간들….

시간이 흘러 그때 그 아기는 21살이 되었고 자신이 원하는 것을 하고 있다. 본인 삶에 충실하며 우리와의 관계는 친구처럼 살갑고도 좋은 사이가 되어 있다. 너무도 완벽한 원더우먼 엄마가 되고 싶었지만, 부족하여 오히려 아이의 도움이 필요한 엄마였기에 아이와의 관계가 더 좋은 것은 아닌지 역설해 본다.

원더우먼처럼 완벽하지 않아도, 신드롬에 빠져 초능력을 갖기 위한 노력을 하지 않아도, 충분히 잘 살아낼 수 있다고 이 시대를 살아가는 많은 워킹맘에게 응원을 보내고 싶다.

'너무 힘내지 말고, 너무 파이팅하지 말고, 힘 빼고 살자고 나를 위한 힘을 비축하자고….'

정은미

정은미 | 바다 옆 정원

무계획이 계획

요즘은 MBTI로 사람들의 성격을 파악하곤 한다. 예전엔 "혈액형이 뭐예요?"라고 물었다면, 요즘은 "MBTI가 뭐예요?"라고 묻는다. 나는 "그때그때 달라요."라고 말한다. 어느 날은 외향적이었다가 또 다른 때는 내향적이었다가, 매번 다른 것을 보니 나는 이상한 성격이 맞는 것 같다.

이십 대에 만난 친한 동생이 있다. 지금도 제법 친분을 과시하는 사이이지만, 서로 알아가고 어색하던 시기에 그 친구는 내게 이상한 성격이라고 말하곤 했다. 스스로 제법 괜찮은 성격의 소유자라고 자부하던 내게 자꾸 성격이 이상하다고 말하는 그 친구가 거슬렸다. 꾹꾹 참다가 "내가 그렇게 성격이 이상해?"라고 물었다. "언니가 진짜 이상하면 내가 이상하다고 하겠어? 그렇게 신경 쓰였어? 진짜 이상한 성격이네."라고 하는 거다. 그 말에 마음이 좀 풀렸다. 그것이 계기가 되어, 그 동생과는 친해지고, '진짜 내 성격이 이상한가' 싶어서 자신을 돌아보는 습관도 갖게 되었다.

스스로 완벽하다고 생각하는 나에게 그 동생은 어느 날부터인가 '정 여사'라는 별칭으로 면박을 주기 시작하였다. 많은 시간을 보내며 함께한 것이 많았으니 그 중 가장 큰 것은 함께 한 미국 여행이었다. 동생은 아직 미혼, 나는 7세 아이와 함께 5주간의 미국 여행을 가게 되었다. 물론 그 동생은 혼자만의 여행을 계획하였으나, 우격다짐으로 그 여행에 동참하였다.

계획적이고 깔끔한 동생은 무계획적이고 어린 동반자와 함께 여행에 참여한 나를 너무도 힘들어했다. '당연히 힘들겠지, 나라면 절대 같이 안 갔을 거야.'라고 생각했다. 당시 운전에 서툰 사람을 김 여사라고 통칭하는 유행이 있었는데, 그 후로 나는 손 많이 가는 '정여사'가 되어 있었다.

사람은 상대적이라, 다른 자리에 가면 내게 '파워제이'라 칭하는 자들도 있다. '파워제이'라함은 MBTI 성격 유형 중 J

성향이 매우 강한 사람을 의미하며, 계획적이고 체계적인 사람을 칭할 때 주로 사용한다. 그들과 함께할 때는 내가 주로 결정이나 계획을 주도적으로 하는 편이다. 실제로는 그리 계획적이지도 치밀하지도 않은 내게 과분한 말이다. 무질서 속의 질서를 추구하는 나로서는 무계획 속에 계획이 있다고 우겨댄다.

여행은 어떻게 즐기는 것이 좋을까? '무엇 하나라도 놓칠세라 치밀한 계획을 세워 다니는 것이 좋을까?', '대충대충 눈에 보이는 대로 발길 닿는 대로 다니는 것이 좋을까?' 무엇인들 상관있으랴, 상황과 형편에 따라다니면 다 좋은 거지….

무계획에 대한 경험담을 늘어놓자면 밤을 새워도 모자랄 것이다. 굳이 하나 내어놓자면 오래전 여름휴가로 갔던 통영, 거제 여행이 제일 기억에 남는다.

아이를 시부모님께 의탁하는 처지인 우리는 휴가라고 아이만 데리고 가기가 죄송해서 항상 시부모님을 모시고 다녔다. 함께하기가 편하지는 않아 주로 1박 2일 일정만으로 다녔는데 무슨 용기였을까…. 3박 4일 일정으로 통영, 거제로 향하였으니, 시부모님, 남편, 아이를 포함하여 다섯 식구가 함께했다.

나름의 계획은 있었다. 첫째 날은 통영 해수탕 찜질방, 둘째 날은 통영 숙소, 셋째 날은 거제.

숙소나 여행지를 따로 예약하지 않은 채, 용감하게 출발했다. 모든 일은 계획대로 되지 않는 법. 아니나 다를까, 시작부터 어긋났다. 해수탕 찜질방은 사람으로 가득했고, 칠십 대 어르신들은 불편하실 거라며 입장부터 거부당하였다.

아무 준비 없이 출발한 여행이었다. 여행 일정이나 계획에 남편은 동참하지 않고, 모든 준비는 언제나 내 몫이다. 당황하는 나에게 모두 "괜찮아, 다 잘될 거야."라는 위로를 건네며, 차에서 자기로 했다.

당시 우리차는 '클릭'으로 아주 작은 차량이었다. 차에서 쪼그리고 불편한 시간을 보낸 후, 겨우 찾은 통영 숙소는 삼만 원짜리 민박집. 민박은 마당을 중심으로 방 한 칸이었고 화장실은 외부에 있는 공용화장실이었다. 예약이 다 되어 좋은 숙소는 얻기 어려운 상황이었다. 시부모님을 포함하여 다섯 명이 한방에서 자야 했는데, 내 머리맡에 시아버지가 주무시고 옆에는 아이와 시어머니가 누워 잤다. 좁고 불편하기 짝이 없는 여정이지만, 다행히도 어르신들은 내게 원망이나 꾸짖음 한마디 없으셨다.

거제도로 들어가 숙소를 잡았는데 다행히 모텔을 이용할 수 있었다. 방 안에 화장실과 욕실이 있는 것에 시어머니가 무척 좋아하셨다. 계획 없이 떠난 여행은 여러 어려움을 안겨주었지만, 그 덕분에 시부모님과 한방에서 함께 지내는 특별한 경험을 하게 되었고, 그것이 오히려 더 가까워지는 계기가 되었다.

해를 거듭할수록 여행에 대한 부담이나 시부모님과 함께하는 것에 대한 어려움은 점차 사라졌다. 그렇게 우리의 여행은 더 길고 과감해졌다. 지금 시아버지는 곁에 안 계시지만 아직 시어머니를 모시고 휴가를 다니고 있다.

요즘은 좋은 곳, 맛있는 것을 검색해서 다니지만, 계획 없이 다니다가 좋은 곳, 맛있는 음식을 만나게 되면 그것이 더 반갑기도 하다. 그래서인지 남편과 아이와 우리만의 여행할 때는 되도록 검색은 덜하게 된다. 이런 것을 두고 무계획이라고 한다면 어쩔 수 없지만, 그 또한 계획이라고 우겨본다. '우연히 만날 계획'. '예정되지 않은 즐거움.' 그 안에서 누릴 수 있는지 알 수 없는 우리만의 희열. 이런 느낌과 상황을 함께 나누는 가족들에게 감사하다.

그러나, 무계획이 곧 계획인 나에게, 인생에서 가장 계획적이었던 일은 남편을 만나는 것이었다. '어떤 배우자와 결혼하는 것이 가장 좋을까?'에 대한 고민과 계획이 가득했던 이십 대. '체크리스트'와 '나에 대한 상대의 관심도'등을 확인하며, 배우자를 선택하는 것은 아주 치밀하게 계획된 것이었다. 덕분에 지금 세상 누구보다도 행복한 결혼생활을 하고 있다. 어려운 일이 없지는 않지만 나를 중심으로 살아주는 가족이 있어, 이만하면 행복하다. 이 무계획의 틀에서, 함께 계획하며 생활하고 누리는 우리가 있어 참 다행이다.

"완벽해지려고 미루는 것보다 지속적으로 고쳐나가는 것이 낫다."라는 마크트웨인의 말처럼 나는 일단 해본다. 잘못되면 수정하면 된다. 완벽한 계획보다, 준비는 덜 되었더라도 우선 시작하는 것이 중요하다. 부족하고 서툴면 좀 어떤가? 이상하면 좀 어떤가? 그것 또한 분명 나 자신일 테니. 어떤 모습이든 지금의 자신을 인정하고 이해하며, 나답게 살아가 보려 한다.

정은미

어쨌거나 마이웨이

'고집스럽다'라는 말은, 자기 생각이나 태도를 쉽게 바꾸지 않고, 끝까지 고수하는 성질을 의미한다. 주로 남의 의견이나 권유에도 흔들리지 않고 자신의 태도를 고수하는 태도를 가리킬 때 사용된다. 누구든 고집 없는 사람은 없을 것이다. 고집 중에는 '옹고집'이 있으니 옹고집은 억지가 아주 심하여 자기 생각이나 의견만을 굽히지 않고 우김. 또는 그런 사람이라 한다. 이를 두고 나는 '똥고집'이라고도 한다.

나는 고집은 없다. 그러나 '똥고집'은 있다. 웬만하면 꺾이지 않고 굽히지 않는 어떤 묘한 구석이 있었으니 일명 '꽂힌다'라고 부른다. 꽂히면 절대 굽히지 않고 끝까지 갈 데까지

가고야 만다. 일례로, 웬만하면 고장이 나도 교환을 잘 안 해주기로 소문난 삼성전자 제품을 3회 이상 고장 신고 및 민원 등으로 결국 제품을 교환해낸다. 그래서인지 회사에서는 나를 '천하의 정은미'라고 부르는 경우가 있다. 물론, 이럴 때는 조심해야 한다. 일을 많이 시키려고 추켜세울 때 주로 하는 말이다.

중학교 2학년 때 엄마가 아주 매우 편찮으셨다. 나에겐 오빠가 3명이 있는데 나를 포함한 4명은 그때의 상황과 기억이 모두 다르다. 그 시기와 책임과 형편에 따라 다른 것이다. 아빠를 포함한 모든 가족은 엄마의 병간호와 병원비 등으로 힘들었다. 그때 나는 너무 어렸기 때문에 경제적인 부분은 자유로웠다. 하지만 내 일에 대하여는 책임을 져야 하는 상황이 되었다. 아빠나 오빠들이 있었지만 어떤 일이나 선택이든 일단은 내가 알아서 해내야 한다는 생각이 컸었다.

그중 나와 8살 차이가 나는 막내 오빠는 나에게 많은 영향을 줬다. 큰오빠와 작은오빠는 나와는 13살, 12살 차이가 난다. 오빠 둘은 이미 가정을 이루어 분가하였다. 그 당시 막내 오빠는 현실적이고 냉철해 보였고, 그가 하는 말은 다 맞는 것처럼 생각되었다. 내 중고등학교 시절 오빠는 항상 나에게 말했다. "무엇이든지 하고 싶은 대로 해라. 오빠가 다 해줄게. 대신, 네 선택에 대하여 다른 사람을 원망하지 말아라. 그러려면 네가 하고 싶은 대로 해야 한다."라고 말이다. 오빠의 그 말은 항상 선택의 순간에 큰 영향을 주고 있다. 바로 지금, 이 순간에도….

가요를 즐겨듣는 나는 가사에서 힘과 영향을 많이 받는 편이다. 좋아하는 가요 중 '리아'가 부른 '개성'이라는 노래는 애창곡중 하나이다. 노래의 가사는 내 생각을 잘 대변해 준다.

> 같은 생각 하며 살기엔
> 내 인생이 너무 아깝다고 생각했어.
> 조금 튀게 난 살아갈 거야
> 그 누가 뭐라 한다고 해도 yeah
>
> 어떻게 보면 내가 문제아로 생각되겠지만
> 그렇대도 나만의 생각이 필요한 거야
> 나를 이해할 수가 없다고 해도
> 그런 것쯤 신경 안 쓸 거야
> 변하고 있는 지금 세상에는

나 같은 사람도 필요해 (중략)

소중한 건 나 자신이야 남이 중요한 게 아니야!
탓한다고 다가 아냐 잘못된 건 생각인걸
어떻게 보면 내가 문제아로 생각되겠지만
그렇대도 나만의 생각이 필요한 거야

나를 이해할 수가 없다고 해도
그런 것쯤 신경 안 쓸 거야
변하고 있는 지금 세상에는
나 같은 사람도 필요해

"나의 길을 가겠다"고 선언하듯 울리던 그 노래의 가사는, 언제나 나에게 늘 힘과 용기를 주었다. 지금도 그러하니 앞으로도 그럴 것이다. 인정하고 싶지는 않지만, 어느덧 나 역시 '중년'이라 불리는 나이에 접어들었다. 백세, 백이십 세 시대를 산다고 하는데, 이제 반이 될 듯 말 듯 한 시간까지 잘 살아온 나를 칭찬하고, 앞으로 살아갈 반을 위해 나는 어떻게 살아갈 것인지, 진지하게 고민해야 할 때다. '앞으로의 인생응하는 종이 살아남는다."(찰스 다윈) 변화에 잘 적응하고 더불어 변화무쌍한 나. 모든 일에 서툴고 부족하지만 그런 것들은 주변에서 또 채워줄 것이다. 앞으로 점점 무르익어 갈 나의 모습이 무척 기대된다. 그런 내가 되도록, 나 자신에게 아낌없는 응원을 보내고, 힘껏 도와주어야겠다.

어쨌거나 나는 나의 길을 갈 것이다. 그러니, 오늘도 이렇게 말해 주자.

"정 씨~!! 오늘도 잘하고 있어!!"

정은미

에서 정말 갖고 싶은 것이 무엇일까?', '경제적 자유는 물론이거니와 그 외 무엇들이 있을까?' 책은 늘 함께 있었으니 더불어 나눌 사람, 그림과 음악, 이런 것들도 함께하면 풍요롭지 않을까….

그것에 대하여 고민에 머무르지 않고 도전해본다. 경제적 자유를 위하여 '유튜브 선생님'들에게 배워가며 경제 공부에 도전하고 있다. '선무당이 사람 잡는다'고 현재는 초심자의 운이 나에게 와 제법 괜찮은 수익을 보인다.

책에 대하여는 새로운 도전으로 '나날북클럽'과 함께하고 있으니 독서 나눔 외에 이렇게 글쓰기까지 도전 중이다. 의도하거나 흔쾌한 마음은 아니었지만, 기꺼이 이에 동참하며 어떻게든 해내기 위해 노력한다.

그림은 아이모에 참여하며 하나씩 배워나가고, 전시도 진행하고 있으니 완벽하거나 전문인은 아니지만, 그 또한 인생의 시간에 끼워 넣는다.

이제 남은 건 음악과 운동이다. 이게 장벽이 제법 높다. 내 마음의 장벽. 내 몸의 장벽. 하지만 조만간 이 또한 나와 함께하게 될 것이다.

"가장 강한 종이 살아남는 것이 아니라, 가장 변화에 잘 적

우리는 연결되어 있다

「나날 북클럽」에서 읽은 여러 책 중에서 가장 인상 깊었던 책은 900페이지에 달하여 최고로 두꺼운 인디언 연설문집 『나는 왜 너가 아니고 나인가』이었다. 우리는 한 달 동안 이 책을 네 부분으로 나누어 읽고 토론을 이어갔다. '내가 과연 이 두꺼운 책을 끝까지 읽을 수 있을까?' 하는 의구심이 들었지만, 함께 읽으니까 가능했다.

나는 인디언을 실제 본 적이 없다. 어릴 적 MBC 명절 특집으로 서부 영화나 저녁 식사 무렵 TV에 나오는 「초원의 집」을 통해 간접적으로 접했을 뿐이다. 든든하고 정겨운 아버지 잉걸스 씨와 그의 부인, 양 갈래로 머리를 땋은, 꿈 많은

소녀 로라, 그리고 착한 언니 메리가 생각난다. 기억 속 로라네 집에 등장한 인디언은 근육질에다가 마음씨가 착한 아저씨의 모습이었다.

이 책을 읽으며 인디언은 매우 위대한 부족임을 알게 해주었다. 비록 인디언들이 인공지능(AI)과 같은 최첨단 과학기술과 동떨어져 살고 있지만 돈, 명예와 권력을 좇는 현대인들과 달리 자연을 경외하고 숭배하는 그들의 목소리는 내게 울림을 주었다.

사실 나는 인디언의 피부가 붉고 청결하지 않으며 무지하다는 편견과 고정관념을 가지고 있었다. 하지만 한 달 동안 인디언의 삶의 방식과 지혜를 접하면서 우리가 얼마나 물질만능주의에 찌들어있는지 뼈저리게 느꼈다. 인디언들을 외진 보호구역으로 내몰고 광활한 아메리카 대륙을 야금야금 차지한 백인들이 오히려 야비하고 무자비하다는 생각이 들었다. 오늘날까지 세계를 지배하고 있음에도 위대한 미국의 재건(Make America Great Again, MAGA, '미국을 다시 위대하게'라는 뜻)을 외치는 그들이 겸손한 자세로 아메리칸 원주민들을 존중하길 바란다.

인디언에게서 배워야 할 가장 중요한 점은, 하나뿐인 지구를 '어머니 대지'로 소중히 여기고 삶의 방식을 실천하는 것이다. '나 하나쯤이야' 하는 생각으로 쓰레기를 마구 버리고, 설거지나 빨래할 때 세제를 과다 사용하며, 비닐봉지, 플라스틱병들도 쓸데없이 많이 사용하는 것이 우리의 일상이다. 지구온난화현상으로 인한 기온 상승은 우리나라뿐 아니라 전 세계를 펄펄 끓게 했다. 올여름도 37도가 넘어 에어컨 없이는 도저히 견딜 수 없는 상태로 악순환이 지속되고 있다. 언젠가는 지구가 견디지 못하고 폭발하는 게 아닌가 하는 걱정마저 든다.

인디언의 신앙은 불교와 매우 흡사한 부분이 있어 놀라웠다. 즉, 그들은 개미 한 마리도, 모든 생명이 있는 것들은 함부로 살생하지 않고 소중히 여긴다. 아메리카 원주민은 인간 서로를 존중할 뿐 아니라 동물과 식물, 심지어 무생물까지도 존중해야 한다고 가르친다. 예를 들어, 자신이 사용하는 카누의 노조차도 경외심을 가지고 대해야 한다. 그들은 어느 것에나, 누구에게나 고유한 힘이 담겨 있고 그 힘을 존중하지 않는 것은 곧 우주 만물 전체를 존중하지 않는 것과 같다고 믿는다.

또한 흥미로웠던 점은, 기독교의 목사나 천주교의 신부처럼 인간과 신을 연계하는 중간자 역할이 필요하지 않다는 것이다. 그들은 필요하면 위대한 정령과 언제 어디서든 소통한다. 굳이 교회나 성당에 가서 기도할 필요도 없고, 산에 올라가거나 바다에 가서 직접 '위대한 정령'과 대화한다.

인디언들은 우리 모두가 위대한 정령인 '어머니 대지'와 연결되어 있음을 항상 기억해야 한다고 말한다. 대지를 이용하더라도 필요한 만큼만 취하고, 과도한 욕심을 부리지 말아야 한다. 오염시키고 파괴하여 지구의 자정능력을 넘어선다면 해악이 인간에게 돌아오게 됨을 잊지 말아야 한다고 경고한다. 위대한 신비와 어머니 대지에 연결되고 조상들의 정신과 자신의 영적인 자아와 연결되는 것이야말로 균형을 찾는 열쇠라고 그들은 믿는다.

「아메리카 인디언 도덕률」을 읽어보면, 학교에서 아이들에게 무엇을 가르쳐야 하는지, 무엇이 참된 교육인지 깨달을 수 있다. 만일 아이들이 도덕률을 읽고 가르침에 따라 행동한다면 좀 더 악행이 줄어들고 선한 세상이 되지 않았을까 하는 생각이 든다.

• 아침에 눈을 뜨거나 저녁에 잠들기 전에 뭇 생명들과 그대 안에 있는 생명에 대해 감사하라.
• 어제 그대가 한 행동과 생각을 돌아보고, 더 나은 사람이 될 수 있도록 힘과 용기를 구하라.
• 존중하라, 존중한다는 것은 누군가에 대해 또는 무엇인가에 대해 가치를 발견하고, 느낌을 갖고, 소중하게 여기는 것이다.
• 어린아이에서부터 노인에 이르기까지 언제나 존중하는 마음을 갖고 대하라. 특히 어른들과 부모, 교사, 공동체를 이끄는 사람들을 존경해야 한다. 누구도 당신에게 무시당해선 안 된다. 독약을 피하듯 다른 이의 마음을 아프게 하는 일을 피해야 한다.
• 언제나 부드러운 목소리로 말하라.
• 부족의 어른들이 모인 자리에서는 의문 나는 점에 대해 질문할 때를 제외하고는 쓸데없이 나서지 말라.
• 그가 그 자리에 있든 없든, 절대로 다른 사람에 대해 나쁘게 말하지 마라.

• 다른 사람을 위해 일하고, 가족과 공동체와 국가와 세상에 쓸모 있는 존재가 되는 것이 인간으로 이 세상에 태어난 가장 큰 목적이다. 진정한 행복은 남을 위해 자신의 삶을 바칠 때 찾아온다.

_아메리칸 인디언 도덕률 中 일부 발췌

인디언들은 삶과 죽음을 대하는 태도 또한 우리와 다르다. 즉, 인간은 생의 목적을 갖고 태어났으며, 그 목적을 실현해야 한다고 믿는다. 인간은 한 생에서 다른 생으로 흘러가고, 육체의 죽음을 두려워할 필요가 없으며 죽음이란 형태를 바꾸는 일에 불과하다고 여긴다. 바다를 건너 이곳으로 온 백인들의 조상들은 천국과 지옥을 만들어 냈으나, 인디언들은 그것을 믿지 않으며 거짓된 가르침이라 말한다.

인디언들의 삶의 방식과 지혜들을 통해 인간의 존엄성을 회복하고 어머니 대지를 소중히 하며 살아가야 함을 깨닫는다. 끝으로 이 말을 전하고 싶다. 인디언들이여! 당신들의 역사와 진실을 세상에 널리 알리고, 조상들이 살았던 대지를 다시 찾아 자손 대대로 평화롭고 행복하게 살아가길 위대한 정령께 기도드린다.

여행이 주는 의미

내가 대학에서 학생들을 가르치기 시작하면서 스스로 한 가지 약속을 했다. 그것은 방학 기간을 활용하여 매년 여러 국가를 여행하겠다는 것이다. 1년 동안 열심히 일한 나에게 주는 포상이기도 하고 호기심이 많은 나로서는 견문을 넓히고 다른 나라의 정치, 경제, 문화, 역사를 경험하고 싶은 마음에서이다.

재작년과 작년에 이탈리아 두 번, 프랑스와 스위스를 한 번씩 두 아들과 함께 다녀왔다. 평소에 가장 가보고 싶은 나라는 이탈리아, 프랑스, 스위스였다. 그 꿈이 현실이 되어버린 순간 어찌나 감격스러운지…. 부푼 기대를 안고 13시간의 비행시간도 마냥 설레고 기뻐졌다. 세 나라 중 가장 인상 깊었던 장소 중심으로 적어보고자 한다.

이탈리아의 첫인상을 말하면, 고속도로 표지판과 초록 나무들에서 한국과 유사함을 느꼈다. 강렬한 햇빛과 노란 유채꽃이 끝도 없이 이어져 마치 드넓은 들판에 벼들이 누렇게 익어 황금 들녘을 이루는 한국의 시골 풍경과 흡사하였다.

로마에서 첫 식사로 담백하고 건강한 맛의 피자와 가락국수처럼 굵은 파스타를 먹었고, 에스프레소를 마셨다. 아메리카노에 익숙한 나로서는 양이 안 찼지만, 에스프레소를 마시니 커피 본연의 맛과 향을 느낄 수 있었다.

로마 속의 또 다른 국가, 바티칸시를 두 번 갔었다. 뙤약볕에 4시간 줄을 서야 한다니 처음에는 지루했지만 길게 늘어선 수많은 관광객을 구경하는 것도 재미있었다. 이곳은 버킷리스트 중 하나로 죽기 전에 꼭 와봐야 하는 성지이다. 관광객이 끊이지 않고 몰려드니, 입장료 수입만 해도 이탈리아는 먹고살 만할 것 같은데 실상은 그렇지 않다고 한다. 예술 작품들, 건축물들을 계속 보수 공사 하느라 지출이 많아 적자라고 한다. 그럼에도 이탈리아는 조상을 잘 둔 덕분에 굶어 죽지는 않을 것 같아 부러웠다.

기다림 끝에 드디어 바티칸 박물관에 입장했다. 가장 인상 깊은 작품은 미켈란젤로의 전 일생을 바쳐 높은 천장과 벽면에 그린 '시스티나 성당 천장화'였다. 이는 천지창조부터 노아의 방주에 이르기까지 구약성서 창세기에 나오는 내용이 펼쳐져 있다. 나는 이 작품을 두 번이나 볼 수 있는 영광을 얻었다. 작품 감상과 보호를 위해 소리를 내지 말라는 안내가 있었지만, 주요 장면이 빽빽하게 그려져 있고 생명을 불어넣은 듯 생생하여 감탄과 함께 울컥 눈물이 났다. 이 작품을 보면서 나와 남편, 두 아들, 부모님, 지인들, 그리고 반려묘 설이를 위해 간절히 기도드렸다.

나폴리, 쏘렌토, 아말피, 그리고 카프리섬은 이탈리아 남부에 자리 잡고 있다. 이 지역이 특별히 아름다운 이유는 지중해 바다와 접하고 있기 때문이다. 우리나라는 북한에 비해 경제적으로 풍요롭고, 선진국 반열에 올라 있지만, 이탈리아는 정반대이다. 남부 이탈리아의 1인당 GDP가 2만 달러라고 한다면 북부 이탈리아는 4.5만 달러로 남북의 빈부 격차가 크다.

가파른 절벽을 굽이굽이 돌아 내려오다가 아말피 해변으로 점점 가까이 오자 오른쪽으로 짠~ 하고 에메랄드빛 푸른 바다가 펼쳐져 "우와~~" 탄성이 절로 나왔다. 바닷가를 배경으로 산에 빼곡히 들어선 집들이 장관을 이루고 하얀 요트들이 떠 있으며 해변가에 늘어선 파라솔들이 조화를 이루어 정말 최고의 파라다이스 같았다.

첫째 아들은 해변에서 발을 담그다 아예 물속으로 들어가 수영하였다. 이후 1시간 정도 유람선을 타고 아말피 해변을 돌아봤는데 시원한 바닷바람을 맞으며, 뜨거운 햇빛 아래 배에 탄 수많은 사람, 흰 거품을 내며 앞으로 나아가는 배가 어우러져 시간이 멈춘 것 같았다. 그동안의 힘든 일들을 이겨낸 나한테 보상하는 기분이 들었다.

이탈리아 여행을 마치고, 곧바로 인접한 나라 스위스로 향했다. 다음날 융프라우로 올라가기 쉽게 기차역 옆 숙소에서 1박을 하였다. 7월 한 여름인데도 기온이 내려가 새벽엔 추워서 이불을 덮었다. 아침에 일어나 따뜻한 패딩과 컵라면을 가방에 넣고 산악열차에 올라탔다. 눈 덮인 알프스는 꼭대기에 있고 산 중턱은 초록빛 나무들과 풀들이 지천으로 깔렸다. 1시간가량 산악열차를 탄 다음 거대한 아이거 익스프레스 곤돌라로 갈아탔다. 2020년 12월 5일에 개통된 이 초대형 곤돌라는 26인승으로, 편도 시간을 무려 47분이나 단축시킨 최첨단 시설이다. 그 덕분에 그린델발트 터미널에서 아이거 글렛쳐까지 2,320m를 한 번에 전혀 힘들이지 않고 올라가게 된 것이다.

융프라우는 3,454m 높이로 알프스산맥의 최고 봉우리 중 하나이다. 산악인들은 4,478m 높이로 삼각뿔 모양의 가장 유명한 봉우리 마터호른을 더 좋아한다고 한다. 부푼 기대를 안고 융프라우에 올라갔는데 날씨가 좋지 않아 앞이 하나도 보이지 않았다. 안개 속에 찬 바람이 쌩쌩 불어 아침에 챙긴 패딩을 입었다. 한 여름에 눈이라니…. 마치 강아지들이 흰 눈을 보고 좋아서 펄쩍펄쩍 뛰는 것처럼 나도 추위에 아랑곳하지 않고 눈싸움하였다.

융프라우에서 하산한 후 취리히에도 잠시 머물렀는데 지나가는 사람들의 분위기가 다른 도시와 사뭇 달랐다. 많은 학생이 헤드셋을 끼고 백 팩을 맨 채 자전거를 타고 어디론가 향해 갔다. 문득 아인슈타인 박사가 다녔던 명문대 취리히 공과대학이 떠올랐다. 왠지 여기서 공부나 연구를 하면 새로운 아이디어가 팍팍 나올 것만 같았다.

스위스에서 1박 2일의 짧은 일정을 마치고 테제베 기차를 타고 프랑스 리옹으로 향했다. 빠르게 지나가는 풍경들을 보며 이제 여행의 막바지에 접어들었음을 깨달았다. 리옹 역의 첫 느낌은 '역시 프랑스구나'하는 감탄이었다. 세련됨과 거대함 속에 멋스러움이 곁들어 있었다.

이제 본격적으로 에펠탑을 보러 가까이 이동했다. 에펠탑은 상상한 것 이상으로 규모가 컸다. 처음 건축될 당시에는 '철로 된 괴물'이라고 맹비난받았다고 한다. 하지만 지금까지도 건재하며 차가운 철이 이렇게 아름답고 세련된 구조물로 탈바꿈할 수 있다는 사실에, 프랑스인들의 미적인 감각과 과학적이며 혁신적인 건축 기술에 다시금 감탄하지 않을 수 없었다.

에펠탑에서 파리 전경을 바라본 후 센강에서 유람선을 탔다. 퐁네프 다리 등 수많은 다리를 지날 때마다 배에 탄 관광객들이 "와!"하고 탄성을 지르자, 다리 위에 있던 사람들도 호응을 해주었다. 마침 「2024 파리올림픽」 개막을 열흘 앞둔 시점이어서, 세계 각국에서 온 관광객들로 넘쳐났고, 피부색은 달라도 한마음 한뜻이 되는 기분이었다. 이번 올림픽이 100년 만에 개최되므로 파리 시민들도 기대가 컸다. 밤이 되자 에펠탑에 '반짝반짝' 조명이 켜지자 너무도 아름다웠다.

그런데 유람선 안에서 작년에 암으로 돌아가신 박사 지도 교수님과 너무 닮은 분을 만나 깜짝 놀랐다. 그분을 보니 교수님께서 내게 "어떤 연구 문제도 포기하지 말고, 논문으로 승화시켜라."라고 말씀하시는 것 같았다. 논문을 쓰다 보면 여러 가지 어려움에 봉착한다. 이 말씀을 가슴에 새기고 논문으로, 작품으로, 세상에 선보이도록 끝까지 노력하자고 다짐했다.

루브르박물관 입구에 있는 유명한 유리 피라미드는 현대적이고 세련된 디자인을 자랑한다. 안으로 들어가 지하에서 천장을 보면 대형 유리를 통해 하늘이 보이는 구조로 되어 있다. 박물관의 파격적인 그림들과 조각들, 그중에서도 여성의 몸은 곡선으로 우아하고 부드러우며 참으로 아름다웠다.

마지막으로 몽마르트르 언덕의 테르트르 광장은 반고흐 화가 등과 같은 예술가들이 명성을 날리기 전, 그림이 안 팔려 생계유지가 힘든 채 모여 살던 동네라고 한다. 이곳에서 많은 화가들이 서로 교류하며 24시간 그림 그리기에 심취했다고 하니 나도 학계 전문가들과 지속적으로 교류를 해야겠다고 생각했다.

파리의 'Wall of love'에는 611개의 남색 타일에 250개의 언어로 311개의 '사랑해'라는 단어가 가득 적혀있다. 그중에서 한글로 된 '사랑해'가 가장 눈에 띄고 아름답게 느껴졌다. 살면서 사랑만 하기도 짧은 인생인데 누굴 미워하거나 원망하는 일은 하지 말자고 생각했다. 그리고 가까운 사람들에게 사랑한다고 표현하면서 부족하더라도 따뜻하게 보듬으며 살아가야겠다고 다짐했다.

숨 가쁜 여정 속에서 여행이 주는 의미를 곰곰이 되짚어본다. 지금 이곳, 내가 살고 있는 일상에서 한 걸음 떨어져 낯선 곳을 여행하다 보면, 삶을 조금 더 넓은 시선으로 바라보게 된다. 엉켜있는 실타래와 같이 복잡 미묘한 일들도 제삼자의 눈으로 관망하게 되며, 결국 죽고 사는 문제가 아니면 별거 아닌 것처럼 여겨진다.

또한 여행 가서 찍은 많은 사진 속에서 나를 객관적으로 볼 수 있어서 좋았다. 내가 어떤 표정을 짓는지, 필요 이상으로 긴장하고 있는 건 아닌지, 그리고 내가 미처 몰랐던 나만의 매력을 발견하는 소중한 기회가 되기도 했다. 앞으로도 건강을 잘 유지하여, 가능한 한 많은 나라들을 여행하고 싶다. 낯선 길 위에서 또 어떤 풍경과 사람, 그리고 내 안의 새로운 나를 만나게 될지 기대된다.

천유진

회색 털뭉치

 2020년 11월 어느 날, 나와 둘째 아들은 강남역 주변을 배회했다. 당시 고등학교 1학년이었던 아들은 코로나19 팬데믹으로 등교 중지되었고, 친구들도 못 만나 집에만 있다 보니 많이 답답해했다. 평상시 아들은 고양이를 기르게 해달라고 졸라댔으나 집 안에 털 날리고 감염 등의 이유로 격렬하게 반대하였다. 그날은 날씨가 흐렸고, 고양이를 한번 구경할 마음으로 강남역 뒤편에 있는 반려동물 분양센터에 갔다.

 분양센터에 들어서자, 강아지 짖는 소리, 야옹거리는 소리로 시끄러웠다. 푸들, 불도그, 셔틀랜드 쉽독 등 다양한 품종의 강아지들과 페르시안, 샴 등 고양이들도 많았다. 그런데 한쪽 귀퉁이에 회색의 작고 귀여운 새끼 고양이가 가녀린 목소리로 우릴 보고 야옹거렸다.

동글동글한 눈망울, 조그만 코, 통통한 볼과 작은 귀에 우리는 매료되었다. 차마 이 아이를 여기 두고 집으로 올 수 없었다. 무언가에 홀린 듯 남편에게 전화하여 고양이를 분양받겠다며 동의를 구했다. 우리는 가족들의 허락을 받아 브리티시 쇼트헤어 품종의 수컷 고양이를 입양하였다.

드디어 이동장에 고양이를 넣고 집으로 오는데 갑자기 하늘에서 함박눈이 내렸다. 펑펑 내리는 하얀 눈을 맞으며 마치 어린 고양이를 구출한 구세주처럼 의기양양하게 집으로 돌아왔다. 이날 첫눈을 기억하며 고양이 이름을 '설(雪)'이로 정했다.

초등학생 시절, 아들은 집에서 금붕어와 거북이를 작은 어항에 키운 적이 있다. 거북이가 제법 많이 컸으나 이사하는 바람에 수족관 주인에게 맡겼다. 한동안 동물을 키우지 않다가 처음으로 고양이를 키우게 된 것이다.

설이는 우리 집에 온 날, 낯선 환경에 잔뜩 웅크리고 침대 밑에 들어가 나오지 않았다. 우리도 서툴기는 마찬가지였다. 직원이 고양이 키우는 법을 설명해 주었지만, 1.9kg의 작은 새끼 고양이를 혹여나 잘못 다룰까? 노심초사했다. 밥은 얼마큼 줘야 하는지, 배변은 어떻게 처리해야 하는지, 눈, 귀 청소는 어떻게 하는지, '야옹'하고 울 때면 왜 우는지 알 수 없었다.

설이를 중심으로 우리 가족은 혼연일체가 되어 각자 역할 분담하였다. 나는 식사와 양치질을, 첫째 아들은 밤에 낚싯대로 놀아주기를, 둘째 아들은 화장실 청소를, 남편은 물을 주는 것으로 정하였다. 코로나19로 우울하고 침체한 집안 분위기가 고양이 한 마리로 더 활기차고 웃음꽃이 피었다. 단지 설이는 밥 먹고 똥 싸고 공을 가지고 놀았을 뿐인데 말이다.

입양한 지 6개월쯤, 동물병원 수의사는 설이에게 중성화 수술을 해줘야 한다고 권유하였다. 고양이 중성화 수술은 암컷 또는 수컷 생식기를 제거하는 수술로 전립선·고환 질환 등 생식기 질환 예방에 효과적이고 영역 표시, 공격성, 가출 등 문제 행동 및 스트레스를 감소시키기 위해서이다. 또한 원치 않는 임신과 개체 수 조절에 필수적이어서 반려묘와 가족 모두에게 긍정적인 영향을 주어 적절한 시기에 시행하는 것이 바람직하다고 하였다.

수술 당일, 생후 6~7개월밖에 안 된 아이를 수술실로 들여보내는데 어찌나 안쓰러운지…. 다행히 수술은 잘 끝났고, 설이가 충분한 휴식과 안정을 취할 수 있도록 해주었다. 수술 부위를 핥거나 긁지 않도록 목 카라(목에 씌우는 깔때기 모양의 보호대)를 착용시켰다. 목 카라를 한 채 아무 일 없었다는 듯이 공을 차며 거실을 누볐다.

2025년 현재, 설이는 다섯 살이고, 생일은 2020년 8월 19일이다. 둘째 아들 생일도 8월이라 함께 생일잔치한다. 케이크에 촛불을 밝히며 생일 축하 노래도 불러 준다. 이제 5.8kg의 성묘가 된 설이는 덩치만 컸지 내 눈에는 겁 많은 아기다. 신나게 뛰어놀다가 초인종 소리에 화들짝 놀라 잔뜩 겁을 먹고 후다닥 침대 밑으로 들어가 주변을 살핀다. 한참 후에 슬슬 모습을 드러낸다. 지난여름, 설이를 생각하며 동시를 썼다.

「회색 털 뭉치의 하루」

첫눈이 펑펑 내린 날
하늘에서 내려준 선물처럼
동그란 두 눈의 회색 털 뭉치가

살포시 우리 집으로 왔다.

갓 태어난 아이는
이 세상에 누가 날 낳았는지
엄마의 따뜻한 품조차
기억이 없다.

아침 해가 떠서
한 낮이 되도록
세상 편하게
꿀잠을 잔다.

갑자기 초인종 소리에 놀라
두 귀를 쫑긋 세우고
북슬북슬한 꼬리는 한껏 부푼 채
몸을 바짝 바닥에 웅크린다.

안도의 한숨을 내쉬며
어슬렁어슬렁

만만한 집사에게 달려가

배고프다며

심심하다며

작고 날카로운 이빨을 드러낸다.

창 너머 밖

무슨 일이 있을까?

엄마 찾아 한번 나가볼까?

한참 바라보다

밤하늘에 보름달이 떴다.

  옛날부터 고양이는 영험한 동물로 여겨져 왔다. 특히, 일본 '마네키네코'는 금전운과 손님을 부른다는 의미로, 가게 앞에 두어 번창을 기원한다. 우리나라에서도 콜레라를 막는 고양이 부적 등 고양이가 질병을 막는 영물로 여겨진 사례도 있다. 국립민속박물관 특별전 『요물, 우리를 홀린 고양이』에서는 조선 후기의 화가 변상벽이 그린 「묘작도」가 전시되어 있었다.

  아침에 출근할 때 설이한테 아침 인사를 하고 "잘 다녀올

게."하고 말한다. 설이는 마치 재앙으로부터 나를 지켜줄 것처럼 꼬리를 흔들어 댄다. 퇴근해서 돌아오면 설이에게 고마움의 표시로 간식을 주고 꼭 안아준다.

어느 날 문득 설이는 우리에게 찾아와 어엿한 가족의 일원이 되었다. 말을 할 수 없어 무슨 생각을 하는지, 어떤 기분인지 알 수 없지만 눈빛으로, 몸짓으로, 울음소리로 설이의 마음을 알 수 있다. 설이는 단순한 반려묘가 아니라 끈끈한 가족이다. 우리는 설이가 무지개 나라로 갈 때까지 굳건히 지켜줄 것이다. 건강하게 오랫동안 우리 곁에 있어 주기를 간절히 바란다.

천유진

왕초보 교수

 2022년 10월, Y대학교 간호학과 전임교수로 임용되었다. 그로부터 이제 3년이 지난 셈이다. 처음 강단에 섰을 때 어찌나 떨리고 긴장되었던지, 지금도 생생히 기억난다. 평상시 주교재를 중심으로 강의 자료를 만들고 어떻게 하면 쉽게 개념을 이해시킬까? 어떻게 하면 적용, 분석, 통합의 수준으로 끌어올릴 수 있을까 고민을 많이 한다. 준비를 많이 했음에도 부족함을 느낀다. 요즘 간호 학생을 대상으로 하루에 적게는 2시간, 많게는 4시간 강의한다. 3년이 지나니 긴장의 강도가 조금 줄어들었지만, 여전히 강의 시작 전 항상 기도하는 마음으로 임한다.

사실 대학 시절, 간호학에 별로 흥미를 못 느꼈다. 모성 간호학 교수님께서 "간호학에 재미를 느끼려면 대학원에 가라."하고 조언해 주셨다. 나는 '재미없는 공부를 또 하란 말인가?'하고 몸서리쳤다. 하지만 임상 현장에서 환자 간호를 하고 건강보험제도와 보건정책에 흥미를 느껴 스스로 대학원에 지원했다. 결국은 부모님, 선생님 등 외부 사람들이 아무리 조언해도 학생 본인 스스로 동기가 생겨야 움직인다는 사실을 깨달았다.

대학교수가 돼서 좋은 점은 관심 있는 연구 주제에 대해 맘껏 논문을 쓸 수 있다는 것이다. 전 직장에서 박사 학위를 취득한 후 매년 한 편의 논문을 쓰겠다고 결심하였으나 업무와 가정의 양립으로 실천이 힘들었다.

논문 쓰기는 참으로 어렵지만 재미있고 신나는 일이다. 연구 계획부터 분석을 통해 논문을 완성하고 학회에 투고한 후 여러 번의 심사를 거쳐 최종 학회지에 게재되었을 때 성취감은 이루 말할 수 없이 크다. 연구는 교수의 본분이기에 늘 연구 주제가 될 만한 것들을 눈여겨본다. 매일 관심 있는 논문을 읽고 어디까지 연구되었는지 살펴보고 질문을 던져본다. 이제까지 밝혀지지 않은 새로운 것을 밝혀내기 위해, 연구 방법을 총동원하여 분석하고 결론을 내는 과정은 BTS의 노래 제목처럼 「피, 땀 눈물」과 같다. 하지만 즐거운 작업이기에 앞으로 매년 2~3편의 논문을 출판하여 100편 이상을 쓰는 것이 나의 목표다.

지난여름, Y시 노인을 대상으로 사전연명의료의향서 작성에 대해 연구했다. 다른 교수님, 학생들과 함께 경로당, 노인복지센터 등을 다니며 농촌 노인들에게 교육하고 설문조사를 하여 자료를 수집하였다. 어르신 한 분, 한 분을 뵙고 이야기를 나누면서 부모님 생각도 나고 비록 한 편의 미약한 논문이지만 Y시 노인의 보건정책 수립 및 건강 수준 향상에 도움이 되기를 간절히 바랐다.

지금 일상에 관한 에세이를 쓰고 있지만 종종 전공 분야 책도 쓴다. 여러 대학에 계신 교수님들과 협력하여 맡은 부분에 대해 자료를 조사하고 최신의 내용으로 개정 작업을 한다. 내가 참여한 책을 학교에서 주교재로 쓰고 학생들도 많이 본다고 생각하니 한 편, 한 편 정성껏 쓰려고 노력한다.

나의 본보기로 김형석 교수를 소개하고 싶다. 「나날 북클럽」에서 『백 년의 지혜』를 읽었고 「양구인문학박물관」에도 방문하였다. 박물관은 김형석 교수뿐 아니라 운명과 자유의 교향악을 연주하는 철학자 '안병욱 교수'와 누군가를 사무치도록 그리워하는 마음을 민들레의 모습으로 그려낸 '이해인 시인'의 저서들도 볼 수 있어 삶의 지혜와 철학을 배우는 소중한 시간이었다.

『백 년의 지혜』에서 "적게 일하고 많이 놀기 위한 인생이 아니다. 더 많은 정신적 가치를 찾아 성장하면서 더 보람 있는 일을 즐기는 것이 인생의 길이다. 이웃과 나라를 위해 인간적으로 성장하면서 즐겁게 일하는 인생보다 귀한 삶은 없다."라는 부분은 가장 인상 깊게 읽은 부분이다. 지금 100세를 훌쩍 넘기셨지만, 매일 원고지에 글을 쓰신다고 하니 존경스럽다.

또 다른 분은 송창원 교수이다. 1950년 학도 지원병으로 6.25 전쟁에 참전하셨고, 파편이 몸에 박힌 채 전장을 떠난 후 과학자의 길을 걸으셨다. 미네소타대학교 교수로 60여 년간 방사선 암 치료의 길을 연구하셨으며, 1968년 「네이처」에 한국인 첫 논문을 발표하셨다. 93세가 된 지금도 논문을 쓰고 골프를 즐긴다고 한다. 또한 과학자에게 필요한 자질로 '호기심, 상상력, 인내심, 소통 능력, 예술적 감수성, 한 우물을 파는 자세'인 여섯 가지를 꼽으셨다. 후배 연구자들에게

투명함과 진실함을 강조하시면서 사실을 기반으로 논문을 쓰고 과학자는 책임감을 가져야 한다고 강조하셨다.

나는 학기 중 또는 방학 기간에 다양한 학술 및 교육활동에 참여한다. 기조 강연과 연구 결과를 들으면서 최신의 연구 동향을 알 수 있고 나이를 불문하고 자신의 역량을 높이려고 끊임없이 공부하고 연구하시며 발표하시는 교수님들을 볼 때면 커다란 자극을 받는다. 이제는 신진 교수에서 중견 교수를 향해 가면서 학교 강의와 산학협력 연구에 노력을 더 많이 하려고 한다. 지역사회 연계 봉사활동으로 학생들과 보건소에서 주관하는 걷기대회에 참가하고, 지역사회 주민을 대상으로 혈압, 혈당 등을 측정하며 건강 상담 및 교육을 한다. 이런 일들은 시간과 노력이 들지만, 일의 보람을 느낄 수 있어 피곤함이 없다.

그리고 나는 4학년 간호학과 학생들을 맡아 지도한다. 학생들은 마지막 학년임에도 이론 수업 2주와 임상 실습 2주를 번갈아 가며 참여해야 한다. 4년 내내 수업을 따라가랴, 과제를 내랴, 이제는 종합시험과 최종 면허를 획득하기 위한 국가고시까지 준비하랴 웬만한 체력과 정신력의 소유자가 아니면 버티기 힘들다.

학생들을 만나 상담하는데 고민이 다양하다. 예컨대, 열심히 공부했으나 성적이 안 나온다는 학생, 같은 실습 친구와 성격이 안 맞아 갈등하는 학생, 여러 병원에 지원했으나 서류에 탈락하는 학생, 신체적 질병이나 우울증 등으로 학업의 어려움을 호소하는 학생 등이다. 역시 나도 대학 시절, 미래가 불확실하고 어디를 향해 가야 할지 방황했었다. 그들의 이야기를 들으며 공감해 주고 내가 알고 있는 방안들을 제시하며 어려움을 극복할 수 있도록 도와준다. 어느 졸업생이 원하는 병원에서 잘 지낸다고 전화해 주니 매우 뿌듯하고 보람을 느꼈다.

올해는 막중한 임무를 부여받은 해이다. 지난 1월부터 내년 2월까지 '학과장'이라는 보직을 맡았다. 이제 한 학기와 여름 방학을 보냈는데 학생들 시간표 짜는 것부터 '나이팅게일 선서식'과 같은 학과 행사까지 챙겨야 하는 일이 너무 많다. 한마디로 일복이 터진 셈이다.

한 학기 바쁘게 지내다 보니 결국 가장 중요한 것은, 겸손과 존중, 열린 마음으로 학생, 교수, 조교 등을 대하고 때로는 학과를 대표하여 우리의 생각을 전달해야 한다는 사실을 점점 실감한다. 많이 두렵지만 "하느님이 아닌 것을 두려워하지 않는다."라는 수녀님의 말씀처럼 체면, 사람들의 시선, 실패 등을 두려워하는 것은 타인들을 하느님보다 높이 보는 것이다. 두려움을 떨쳐버리고, 용기를 내다보면, 언젠가 "내가 세상을 이겼다."라고 당당히 외칠 수 있는 순간이 올 것이다.

그동안 공공기관에서 안정적으로 직장 생활을 하다가 교수로서의 삶을 선택해 초보 수준이라 할 수 있지만, 이 길을 선택하는 데 아직 후회하지 않는다. 오히려 주어진 자리에서 내 존재 가치와 보람을 느낄 수 있어 행복하다.

교수는 언제나 문제의식을 동반한 연구와 강의를 하고 학생들과 그 주어진 문제를 해결하는 토론과 탐구의 장(長)이 되어야 한다고 생각한다. 교수가 결론을 제시하고 자기 지식을 가르치고 설명하는 방법을 넘어 학생 스스로가 객관적 결론을 찾아내도록 유도하는 교육이 바람직한 교육이라고 생각한다. 이 길을 끝까지 신나게 걸어가고 싶다.

마지막으로 디모테오에게 보낸 둘째 서간 4장 2절 "말씀을 선포하십시오. 기회가 좋든지 나쁘든지 꾸준히 계속하십시오. 끈기를 다하여 사람들을 가르치면서, 타이르고 꾸짖고 격려하십시오."로 마무리 짓는다.

천유진

행복의 조건

 우리나라는 2000년에 고령화사회(65세 이상 인구가 차지하는 비중이 7% 이상인 사회)를 지나서 2019년에 고령사회(65세 이상 인구가 차지하는 비중이 14% 이상인 사회)를 거쳐 2025년에는 초고령사회(65세 이상 인구가 차지하는 비중이 20% 이상인 사회)로 빠르게 진입하였다. 이렇게 급속한 인구의 고령화와 의료 기술 발달로 평균 수명(기대수명)은 2023년 기준 83.5세이며 OECD 평균(약 80.3세)보다 높은 상태이다.
 하지만 단순히 기대수명의 증가보다 건강수명의 개념이 더 중요하다. '기대수명'은 0세의 출생아가 앞으로 생존할 것

으로 기대되는 평균 생존 연수이고, '건강수명'은 기대수명에서 질병 또는 장애가 있는 기간을 제외한 수명으로 신체적·정신적으로 특별한 이상 없이 생활하는 기간을 의미한다.

우리나라 건강수명 평균은 2021년 기준 72.5세로 2019년부터 정체되어 있다. 남녀 평균 11년은 질병으로 고통받으며 힘든 시간을 보낼 것으로 예상된다. 따라서 식습관, 운동, 스트레스 관리 등을 통해 건강수명을 늘리도록 건강한 생활 습관을 실천해야 한다.

나의 경우 보통 아침 6~7시에 기상하고 밤 11~12시에 취침한다. 한때 5시에 일어났으나, 오후 시간의 피로도가 심해 현재는 좀 더 유연한 루틴을 유지하고 있다. 기상 후 루틴으로 체중 재기, 정수 물 마시기, 종합비타민과 오메가-3 챙겨 먹기, 다이어리를 적으며 전날을 반성하고 오늘의 일과를 계획하기를 실천한다. 특히, 하루에 최소 2시간 이상은 글쓰기에 집중하려고 시간을 배치한다.

건강한 식습관으로 탄수화물(특히, 백미, 빵, 떡, 라면, 과자)은 자제하고 현미밥과 통밀빵을 먹는다. 매끼 식사 때 단백질과 채소의 섭취를 신경 쓰려고 한다. 두부, 달걀, 닭가슴살, 양배추, 토마토, 오이는 최애 식품이다. 물 마시기는 힘들

긴 하지만 하루 1.5리터 이상 마시려 노력하고 가장 피해야 할 것은 스트레스성 폭식이나 야식이다. 커피도 워낙 좋아하지만, 하루 2잔까지만 허용한다. 체중이 평상시보다 증가했을 때는 간헐적 단식에 들어간다. 이러한 실천 사항은 강북삼성병원 임상교수로 재직 중인 박용우의 『내 몸 혁명』을 읽고 적용한 것이다.

특히 『내 몸 혁명』에서 '의자 중독'을 피하라고 강조하는데, 컴퓨터나 노트북 앞에 오래 앉아서 작업하는 경우 VDT 증후군 등 직업 관련성 근골격계질환이 발생할 수 있다. 따라서 같은 자세로 오래 앉아 있지 말고 최소 1시간마다 5~10분간 휴식을 취하거나 스트레칭해야 한다. 무엇보다 내 몸에 이상 증상이 있을 때 간과하지 말고, 가까운 병원에 가서 조기 진단 및 치료받아서 만성질환의 발생을 예방하는 것이 중요하다.

나는 운동을 극히 싫어한다. 요가, 필라테스, 등산 등을 했지만 내게 맞는 운동을 찾지 못했다. 최근 건강검진 결과 근육량이 너무 적게 나와 집에서 가장 가까운 헬스장에 등록하여 PT(Personal Training)를 시작했다. 하루에 1시간, 주 3회 이상 꾸준히 근력운동을 했다. 여러 가지 기구가 많이 있는데 초보자이면 무리한 운동으로 근육이나 관절의 손상을 입을 수 있기 때문에 반드시 전문 트레이너의 코칭을 받는 것을 추천한다. 이게 여의치 않으면 집에서 자기 전에 폼블러, 아령 등을 이용해서 매일 스트레칭하는 것도 권장한다.

작년부터 지인에게 중고 골프채를 받게 되어 골프를 배우기 시작했는데 아이언 7, 드라이버, 퍼터 등 골프채마다 자세와 기술이 달라 개인지도와 꾸준한 연습을 병행하는 것이 필요하다. 조금 더 연습해서 올해 안으로 하프나 나인 홀 라운딩을 가는 것을 도전하려고 한다. 나처럼 운동을 극히 싫어하는 사람도 하루에 6,000보 걷기 등 꾸준히 운동을 지속하면 그 안에서 점차 재미를 느낄 수 있다. 무엇보다 중요한 것은 서두르지 않고, 천천히, 작은 성취를 하나씩 이루어나가는 것이라는 생각이 든다.

스트레스 관리로 책 읽기를 이야기하고 싶다. 요즘 지하철을 타보면 책 읽는 사람들을 보기 힘들다. 대부분 스마트폰 화면만 바라보고 있다. 문화체육관광부가 발표한 '2025년 국민 독서 실태조사' 결과를 보면, 2025년 기준 성인 독서율이 30.8%로 나타났다고 한다. 특히 20~30대의 독서율이 25.6%로 가장 낮았고, 40~50대도 33.2%에 그쳤다고 한다.

연간 독서량은 평균 4.5권으로 전년 대비 2.1권이나 줄었다. 독서하지 않는 이유로 'TV 시청, 인터넷, 게임 등 다른 여가 활동'이 34.2%로 1위를 차지했고 '책 읽을 시간이 없어서'가 28.7%, '책값이 비싸서'가 12.4% 순으로 나타났다.

나도 예전에는 전공 분야 책을 읽기도 바쁜데 소설 등 인문학 책 읽기는 엄두가 안 났다. 그럼에도 독서의 중요성을 알기에 어떻게 하면 좋을까 고민하고 있었다. 우연히 「나날 북클럽」을 알게 되었고 북클럽이라는 시스템에 들어가니 1주일에 최소한 반권 내지 한 권의 책을 읽게 되었다. 독서 후 매주 금요일 오전 6시에 줌(Zoom)을 통해 북클럽 멤버들과 토론한다. 같은 책을 읽고 서로 다른 생각과 느낌을 공유할 수 있어 참 좋다.

독서를 통해 폭넓은 지식과 정보를 얻고 사고를 확장할 수 있어 삶의 지혜를 얻고 스트레스도 풀린다. 아무리 어려운 책이라도 조금씩 읽으면 몰입하게 되고 점점 재미를 느끼게 되며 또 읽고 싶은 마음이 생긴다. 그렇게 한 권의 책이 끝나면 블로그에 소감이나 좋은 글귀들을 기록해 둔다. 정보화시대의 빠른 변화 속에서 중심을 잡기 위해서는 철학, 역사, 문학 등 기본 소양을 갖추고 독서의 정신적 기반 위에 전공 분야의

학문을 쌓아가는 것이 필요하다.

서울성모병원 정신의학과 채정호 교수의 『진정한 행복의 7가지 조건』에 의하면, 행복의 조건으로 '수용, 변화, 연결, 강점, 지혜, 몸, 영성'을 제시했다. 먼저 수용은 내게 주어진 현실 그대로 받아들이는 것이다. 즉, 내가 어찌할 수 없는 현실을 거부하거나 분노하지 않으면서 극복하고 적응해 가는 것이다. 큰 일이 닥치면 왜 나한테 이런 일이 일어나지? 뭔가 내가 잘못해서 그런 건가, 자책하기 쉬운데 기꺼이 고통을 받아들이는 것, 그리고 고통을 상쇄하는 긍정적인 경험을 많이 하는 것이 수용이다. 두 번째는 변화로 어제보다 나은 오늘의 내가 되도록 노력하는 것이고 타인과 나를 절대 비교하지 않는 태도를 갖는 것이다.

세 번째는 연결이다. 혼자보다 옆에, 뒤에, 앞에 누군가와 함께하니 외롭지 않다. 그들에게 도움을 청하고 감정을 나누며 도와달라고 하면 도와준다. 네 번째는 강점이다. 내가 잘하는 것, 남이 인정해 주는 것과 같이 나의 강점을 찾고 나답게 촉진하는 것이다. 다섯 번째는 지혜로 삶의 여러 문제를 해결하는 능력인데 독서를 통해 길러질 수 있다. 여섯 번째는 몸이다. 내 몸이 건강해야 미래의 삶이 풍요롭고 행복해진다.

일곱 번째는 영성이다. 보이지 않지만, 세상 끝날 때까지 함께 계시겠다는 주님이 계시기에 행복하다.

신앙생활도 내 삶의 중요한 부분을 차지한다. 한때 『성경』은 과학적이지 않고 인간이 지어낸 이야기라며 믿지 않았다. 하지만 KAIST 교수님의 강론에서 "광활한 우주에 지구만 생명체가 존재하고 태초에 작은 원자로부터 어떻게 생명이 탄생했는지 생명 탄생의 비밀은 현대 과학으로도 아직 밝혀지지 않았다. 완전한 신의 존재를 믿든, 안 믿든 그건 자신이 선택할 문제다."라는 말씀을 듣고 고민하였다. 겁 많고 오류투성이인 나는 어머니의 영향으로 가톨릭교를 믿기로 했고, 현재까지 신앙생활을 이어오고 있다. 이제까지 인생의 여러 고비를 넘어오면서 든든한 버팀목은 하느님에 대한 믿음과 기도 덕분이다.

행복은 멀리 있는 게 아니라 내 주변에 소소한 것들이 행복을 가져다주고 감사하는 마음으로 작은 행복을 만들어 가는 것으로 생각한다. 인생의 절반을 살았으니 남은 50년 '제2의 인생'을 건강하게 보내기 위해 스스로 건강을 돌보고 건강한 생활 습관을 실천할 것이다.

천유진

늘 아쉬움이 남는 여행

올해 여름, 7박 9일 일정으로 독일, 체코, 헝가리, 오스트리아를 다녀왔다. 작년에 서유럽에 갔을 때 한낮의 기온이 40도 이상의 무더위로 이에 대한 준비가 미비하여 탈진 및 일사병을 경험하였다. 올해는 선크림, 양산과 이온 음료 등 만반의 준비로 단단히 무장했다. 동유럽은 서유럽과 달리 한낮의 기온이 20~25도 안팎이어서 여행하기 딱 좋은 날씨였다.

작가 지망생 둘째 아들이 가장 좋아하는 헤르만 헤세가 주로 활동했던 독일 뮌헨 등 여러 도시를 돌아보고 싶었으나 일정상 '드라스덴'만 가기로 했다. 드라스덴은 독일 동부에 있는 작센주의 주도(主都)로 엘베강 변에 자리 잡고 있으나 처음 들어본 도시여서 별 기대가 없었다. 처음 버스에 내렸을 때 눈앞의 '츠빙거 궁전'은 외벽이 새까맣게 그을린 흔적이 많이 남아 있어 전쟁의 폐해를 피부로 느낄 수 있었다. 알고 보니 2차 세계대전 당시 공군의 폭격이 엄청나게 심해서 완전히 파괴되었고 그나마 복구된 것이라고 한다. 그럼에도 우리나라 같았으면 저렇게 시꺼먼 자국을 감쪽같이 하얗게 페인트로 칠했을 것 같은데 독일인들은 그것을 숨기지 않았다.

'레지 덴츠 궁전'은 작센 공국의 역대 왕들이 살던 곳으로 「군주들의 행진」이라는 벽화(슈탈호프벽)가 인상적이었다. 길이 101m, 높이 8m의 벽화로 마이센 도자기 타일이 무려 25,000여 개나 쓰였다. 군주 35명과 59명의 과학자, 예술가, 농부들이 그려져 있었는데 이쪽부터 저쪽 끝까지 한 번에 카메라에 담기 어려울 정도로 엄청난 길이의 벽화여서 놀라웠다. 분단국에서 통일 국가로 자리 잡은 독일을 보며 유일한 분단국인 우리나라는 언제쯤 통일이 될지 마음이 쓰렸다.

드라스덴에서 약 1시간 30분 정도 이동하니 체코 땅이었다. 어둑어둑해 질 무렵, 블타바강(많은 사람에게 몰다우강으로 알려져 있음) 위에 세워진 카를교를 고즈넉하게 걸으니,

마치 한강의 반포대교를 걷는 것 같았다. 특이한 건 다리의 양옆에 서른 개 성인상이 세워져 있었고 그중 네포무크 동상 앞에 새겨진 동판을 만지면서 소원을 빌면 소원이 이루어진다고 하니 제일 먼저 두 아들이 떠올랐다. 엄마들이란 내 몸보다 그저 자식이 잘되길 바라는 마음이 제일 큰 것 같다. 까치발을 들어 동판을 만지며 간절히, 간절히 소원을 빌었다.

세계적으로 가장 아름다운 3대 야경 중 하나가 프라하성이라고 하여 잔뜩 기대했으나 야경을 배경으로 사진 몇 장을 찍었을 뿐이다.

이보다 더 인상 깊었던 것은 카를교 탑교 맞은편 우뚝 서 있는 카를 4세 동상이었다. 그는 한 손에는 칼을, 다른 한 손에는 황소를 들고 있었다. 프라하를 명실상부한 유럽의 중심지로 변화시키기 위해 '카를 대학교'라는 중부 유럽에서 가장 오래된 대학교를 최초 설립하였다. 동상 받침대에는 신학, 의학, 법학, 철학의 네 가지 학부를 상징하는 우화가 새겨져 있었다. 교육계에 몸담은 한 사람으로서 예술과 교육을 숭상하고 교육 발전에 이바지한 그의 노고에 손뼉을 치고 싶었다.

카를교를 빠져나와 보니 커다란 광장이 있었고 많은 관광객이 비를 맞으며 무언가의 앞에 와글와글 모여 있었다. 무엇

때문에 모여 있나 싶었더니 세계에서 세 번째로 오래된 천문시계가 있었다. 하늘의 해와 달의 위치와 다양한 천문학적 정보들을 표시하고 매시 정각마다 열두 명의 사도의 모형과 죽음을 형상화한 해골의 모형 등 여러 움직이는 조각품들이 나타났다.

인생무상이라고 했던가! 탄생이 있으면 죽음이 있는 법. 마치 영원히 살 것처럼 돈, 명예, 사회적 지위에 왜 그리 집착하는지, 왜 그리 욕심이 많은지…. 가진 것에 만족하고 베풀며 살아야 하는데 말이다.

다음 날 오전 프라하 성안을 제대로 둘러보았는데 '성비투스 성당'은 길이 124m, 폭 60m, 첨탑 높이 100m에 이르는 웅장한 규모로 가장 유명한 고딕 양식의 건축물이다. 앞에 언급한 카를 4세의 명령으로 1344년에 착공되어 1929년에 완공되었다. 특히 알폰소 무하의 아르누보 양식 스테인드글라스가 형형색색 아름다웠다. 그 웅장함에 자연스럽게 마음이 숙연해지고 이제까지 살아온 내 삶을 돌아보게 했다.

오후에는 헝가리 부다페스트로 향했다. 도나우 강변의 궁전 같은 건물이 바로 국회의사당이었다. 낮에는 우리나라 여의도에 있는 국회의사당과 별반 다를 바 없는 모습이었지만 밤에는 건물의 조명이 켜지니 화려함이 압도적이어서 프라하성과 비교되지 않을 만큼 울림과 감탄을 자아냈다. 왜 사람들이 유럽 최고의 야경이라 부르는지 이해가 되었다.

헝가리 대학의 대부분은 공공기관이고 학생들은 전통적으로 수업료를 내지 않고 공부한다고 한다. 헝가리의 면적(93,030km2)은 남한의 면적(100,266km2)과 비슷한데 단 1,000만 명만이 살고 있으며 2023년 기준 역대 열 다섯 번째 노벨상 수상자가 나왔다고 한다. 자료를 찾아보니 미국(406명), 영국(137명), 독일(114명) 등과 비교가 안 되지만, 인도(11명), 중국(8명)에 비해 많은 수상자를 배출하여 '작고 강한 과학국'임을 자랑한다고 하였다.

영화 「오펜하이머」에 나오는 현대 컴퓨터 기초 원리를 만든 존 폰 노이만, '원자폭탄의 아버지' 레오 실라르드, '수소폭탄의 아버지' 에드워드 텔러 등이 모두 헝가리 출신이다. 이러한 배경에는 전체 예산의 10%를 교육에 투자하고 정답보다 풀이 과정의 창의성을 중시한 교육 정책이 성과의 밑거름이 되었다고 한다.

헝가리 주재 대한민국 대사관에 따르면, 놀랍게도 현재 헝가리 의대, 치대, 약대에 수학 중인 한국인 유학생이 800여명에 달한다고 한다. 우리나라의 교육 정책도 수학, 물리학, 화학 등 기초과학 발전에 예산을 많이 투자하고 자신의 재능과 적성을 바탕으로 창의성을 중시하는 방향으로 바뀌었으면 하는 바람이다.

이제 여행의 종착점인 오스트리아 빈으로 향했다. 인상 깊었던 곳은 벨베데레 궁전이다. 아무 생각 없이 조그마한 입구를 통해 담벼락을 넘어서면 정원 너머로 궁전의 웅장함이 펼쳐져서 매우 이색적이었다. 상궁과 하궁이 모두 갤러리로 사용되는데 상궁은 현대미술관으로 구스타프 클림트와 에곤쉴레의 대표작을 소장하고 있었다.

클림트의 작품 중 「키스(Kiss)」는 생각보다 크기가 크고 금박을 사용하여 화려함과 고급스러움을 더해주어 많은 사람의 눈길을 사로잡았다. 루브르에 모나리자가 있다면 빈에는 키스가 있다고 해도 과언이 아니다.

언뜻 보면, 단순히 사랑에 빠진 연인들의 키스를 묘사한 것 같았다. 그러나 큐레이터의 설명에 따르면 사각형 패턴으로 그려진 남성과 원형 패턴으로 묘사된 여성은 본질적인 성별의 차이를 시각적으로 보여주는 동시에 하나의 덩어리처럼 엮여 있어, 아름답고 순수한 아가페적 사랑과 육체적이고 뜨거운 에로스적 사랑을 동시에 상징한다고 한다. 또한 다소 강압적으로 보일 수 있는 여성의 머리를 붙잡은 남성의 손과 절벽처럼 묘사된 오른쪽 아래 배경 끝에서 위태롭게 발끝으로 버티는 여성의 모습은, 격정적인 사랑의 시작과 끝을 은유적으로 표현한다고도 해석된다. 위태로운 자세와 절벽 배경 특히, 여성의 발끝이 절벽 가장자리에 걸쳐 있다는 점은 '사랑의 극단성과 불안정함' 또는 '죽음과 맞닿은 에로스'를 상징한다고 하여 여성은 능동적 주체가 아닌, 사랑을 받아내야만 하는 수동적 존재로 해석되기도 한다.

분위기를 바꿔 유네스코 세계유산으로 등재된 호수마을 할슈타트에 갔다. 「텐트 밖은 유럽(로맨틱 이탈리아)」이라는 예능 프로그램에서 라미란, 곽선영, 이주빈, 이세영 배우가 이탈리아 소도시를 캠핑하였고, 할슈타트에도 갔던 장면이 떠올랐다. 호수에서 두 배우가 수영했는데 푸르른 녹음과 시원한 호수 물에서 얼마나 행복할까 부러웠다.

할슈타트는 '잘츠카머구트의 진주'라고 불릴 정도로 산과 호수가 어우러진 자연 경관이 아름답고 옛 소금 광산으로도 알려졌는데 TV로 봤던 이곳에 내가 와 있다니 꿈만 같았다. 호숫가를 따라가며 아기자기한 소품 가게를 구경하니, 마치 동화 속 마을에 있는 착각이 들었다.

　동유럽에 소매치기가 많다고 주의하라고 했는데 안일하게 준비했다가 가족들에게 혼이 났다. 짐을 싸는 거며 여행지에 관한 공부도 벼락치기 하듯 닥쳐서 하느라 허술하기만 하다. 짐을 야무지게 챙겨 주고 귀중품을 보관할 수 있는 자물쇠도 사준 아들에게 고마움을 전한다. 여행을 다녀와서 한참 뒤에야 사진을 정리하고 에세이를 쓰면서 "아~ 이거였구나!" 그제야 의미를 알게 되었다.

　여행은 늘 아쉬움이 남는다. 그래서 사람들은 또다시 길을 나서는 것 같다. 마치 코끼리 다리만 만지고 온 기분일지라도 세상은 넓고 가보고 싶은 나라는 너무도 많다. 여행 중에 만난 사람들, 예컨대 두 달 동안 남미 여행을 하였다는 사람, 2주 동안 가족과 노르웨이를 캠핑 여행한 사람, 독일로 유학 온 남자 친구와 1주일을 더 여행한다는 사람, 올 가을에는 아이슬란드에 간다는 사람 등 이들은 열심히 일하고 멋진 여행을 떠나며 균형 있는 삶을 추구한다.

　우연히 만난 사람들과 삶을 진솔하게 이야기하는 것만으로도 삶의 충만함을 느낀다. 여행과 글쓰기를 계속하여 논문 쓰기와 저술 활동뿐 아니라 여행 작가로도 활동하고 싶은 꿈이 있다. 그 여정 속에서 또 어떤 나를 만나게 될지, 또 어떤 다른 누군가를 만나게 될지, 설레는 마음으로 한 걸음 한 걸음 내딛는다.

천유진

삶이 내게 말을 걸다

고 유경촌 티모데오 주교님의 짧은 강론 말씀이 전송되어 왔다. 돌아가시기 몇 해 전이었을까 병색은 깊어 보이시질 않았다. 강론 말씀 중간마다 그분에게서 흘러나오는 충만함이, 사랑받는 기쁨이 나에게도 전해지는 듯했다. 내 가슴 또한 오랜만에 사랑으로 벅차오르고 있었다. 잊고 지냈던 사랑의 충만감. 사라졌다고 생각했던 기쁨이 되살아났다. 주교님의 영상에서 나는 그 감정을 느끼며 내 눈빛이 변함을 마음으로 알아차렸다. "내가 정말 많이도 치유되었구나. 이런 감정이 살아나다니…."

가만히 내 감정을 들여다봤다. 무엇이 나를 다시 살게 했는지. 그래! 글쓰기에 답이 있었다. 아주 조금씩 내 감정을 써 봤고, 아픔을 표현했기에, 지금의 내 감정이 살아나고 있는 듯했다. 3월, 4월, 5월, 6월, 7월, 8월 그리고 9월. 그 시간 동안 난 단 하루만을 빼고는 매일 손끝 사이로 감정을 내보내고 있었다.

한동안 전철 안내 방송 "출입문 닫겠습니다." 이 소리에 난 가슴이 '쿵' 하고 떨어졌다. 문이 닫힘과 동시에 삶과 죽음이 갈리는 감정. 한동안 지하철을 타질 못했다. 그런데 어느 순간부터인지 가슴이 나락으로 떨어지지 않았고 담담히 다음 역을 확인하는 나 자신을 발견했다. 어떤 감정이 나를 이렇게 변화시킨 걸까. '맞아! 어제 내가 아주 즐겁게 글을 쓰고, 또 너무 재미있었다는 응원을 받았지.' 이제야 모든 의문이 풀렸다. 즐거웠던 이야기를 쓰며 나의 기쁜 감정이 솟아나고 행복한 희망을 다시금 꿈꿔 봤던 것이다.

내 글은 늘 짧다. 시시콜콜 아픔을 보이기 싫어서, 아직은 자세히 쓸 용기가 없어서, 늘 에너지가 넘치고, 즐거운 운동광으로 포장을 한다. 제목만 정해놓고 쓰이지 못하는 글이 나를 기다리고 있다. 더더욱 많은 글을 차곡차곡 쌓아 내 이야기를 쓸 것이다.

"인생의 문이 닫힐 때, 그 앞에 너무 오래 서 있지 말라. 문이 닫힐 때 나머지 세상이 열린다. 닫힌 문을 두드리기를 멈추고 돌아서면 넓은 인생이 우리 영혼 앞에 활짝 열린다."_세네카

허윤미

내리사랑과 치사랑

 4박 5일 어머니를 돌봐 드리고 돌아와, 오랜만에 만난 손자. 내 눈에서 꿀이 뚝뚝 떨어진다. 뺨을 비비고, 들기도 어려운 녀석을 무릎에 앉힌다. 이리도 예쁠 수가 있을까나! 밝은 기운 때문인 듯하다. 통통거리며 "할머니, 할머니!" 부르는 소리에 가슴이 벅차다.

 4박 5일 이상한 분위기, 냄새, 지팡이가 긁히는 소리, 마음도 어두워져서 거울에 비친 내 얼굴이 완전 저승사자처럼 보였다. 가는 날이 장날이라고 모친께서는 새벽 4시부터 탈이 나셔서 기저귀를 갈아 씻겨 드리고, 옷을 갈아 입혀 드리니 5시 반. 난 겨우 반나절 만에 녹초가 되었다. 미음을 끓이고, 배 위에 고온 온수 매트를 올려 드리고, 에어컨 바람에 감기 걸리실까 봐 양털 이불 덮어드리고, 수시로 기저귀를 확인하며 하루를 보냈다. 난 이미 말을 잊고, 어느새 침묵 모드에 접어들었다.

낮에는 온수 매트 덕분인지 온종일 깊이 잠드셨다. 그러다 꼭 저녁 7시가 시작되면 10분에 한 번씩 기저귀를 갈고 샤워, 화장실 청소까지, 그러기를 3일. 어머니의 목소리는 여전히 쩌렁쩌렁, 또 부르신다. 본인 핸드폰 충전시키라고. 전화 올 일도 없으면서. 오른손에는 지팡이, 왼손에는 핸드폰. 그 모습이 어찌나 아슬아슬한지, 보는 내가 더 불안해서 숨을 멈추게 된다.

이번에 또 넘어지면 치명적이라고 의사가 경고했지만, 핸드폰에 왜 그렇게 집착하시는지, 주무실 때도 베개 옆에 놓고 또 확인해 보신다. 본인도 괴로우실 텐데 그 집착을 놓지 못하시니 안타깝다.

기분 전환용으로 임영웅이 나오는 트로트를 들려드리니 자장가 역할을 했는지 꾸벅꾸벅, 집안의 분위기가 또 어두워진다. 엄마를 흔들어 깨워서 아버지와 함께한 앨범을 보여드리니 좀 보시는 듯하더니 지팡이를 끌고 본인 방으로 부리나

나는 큰딸 곁에서 겨울과 봄을 함께 울고, 웃으며 조금씩, 아주 조금씩 슬픔에서 빠져나오려 애를 쓰고 있었다. 손자랑은 축구 교실을 함께 다니고, 큰애가 출근하면 둘째랑 동네 구경, 미술관, 박물관 투어. 애들과 뒹굴뒹굴하며 매일 밥을 짓고 한식 반찬을 만들면서 하루하루를 살아내고 있었다.

하루는 퇴근한 사위와 딸이 나를 찾는다. 그리고 큰아이가 심각하게 물었다.

"엄마! 꼭 로마를 가고 싶어?"

"응, 아빠랑 약속했잖아. 난 아빠한테 로마를 보여주고 싶어."

나는 속으로 '무슨 일이지, 바티칸을 꼭 가서 베드로 성당에 남편을 위한 초를 켜고 미사를 봉헌하는 게 이 여행의 목표인데 별안간 무슨 일이지…' 은근 화가 스멀스멀 올라오기 시작했다.

조금 전에 바깥사돈 대련한테 전화가 왔는데 아주 좋은 조건의 북해 크루즈 상품이 메일로 와서 살펴보라고 했다고 전한다.

"음, 아빠도 다음번 여행은 크루즈를 타자고 했었는데."

또 싱글벙글하며 런던을 거닐던 그의 얼굴이 방안에서 맴

돈다. 경비는 온 가족 크루즈 비용이나 로마 관광 비용이나 거의 비슷하게 예상되었다.

대런과 안사돈 질은 크루즈를 선호하는 사람들인 듯, 존은 3번이나 탔었다며 손을 꼽으면서 자랑이다. '그래! 인생 뭐 있어! 내 새끼들이랑 쓰고 먹고 즐기다 그의 곁으로 가자.' 그날 밤, 나는 이 크루즈 여행은 남편이 보내준 선물인 것을 확신하며 묵주기도를 드렸다.

아이들은 '크루즈 타기 D-day'를 달력에 표시하며 들뜨기를 열흘! 사실 크루즈는 여름이 성수기라 2월은 추운 날씨 탓으로 완전히 비수기라서 1인당 가격이 성수기 때의 5분의 1 정도에 불과하고, 손자는 반값이었으며, 큰애와 존은 무한 알코올 패키지를 신청해서 그 값만큼만 추가가 되었다.

매일매일 퇴근하기 바쁘게 존은 나를 앞혀 놓고 크루즈 브리핑을 진행했다. 무슨 백악관 대변인 흉내를 내듯, 나도 싫지는 않았지만 함께하지 못하는 그 사람이 마음 한 켠을 가만히 두드리고 있었다.

대변인 왈, 우리의 객실이 업그레이드되어서 테라스를 포함한 룸으로 배정되었으며 정찬 레스토랑에서는 반드시 정장이 드레스 코드라고. "마리아! 드레스 있어요?"

이것이 무슨 소리, 대충 큰애 치마를 입어봤지만, 영 아니올시다. 둘째랑 얼른 쇼핑몰로 가서 맘에도 안 드는 정장을 사 입고 한껏 폼을 잡아 보지만…. '그래도 애들이 너무도 좋아하니 로마는 다음으로 기약하자.'라고 내 맘을 다독이며 구두도 사 신었다. 드디어 D-day 날! 전부 들뜬 마음으로 크루즈 정박항인 잉글랜드 남부의 사우샘프턴(Southampton)행 기차에 몸을 실었다.

허윤미

슬픔을 춤으로

눈으로 확인한 크루즈의 웅장함에 우리 가족은 입을 다물 수가 없었다. 층수는 20층 정도가 되고 배 안에서 길을 잃어도 전혀 이상하지 않을 규모였다.

다시 시작된 존의 브리핑 시간! 이탈리아 소속의 MSC 크루즈이며 승선 승객은 대략 3,000명 정도이고 승무원 수 또한 1,500명이 훌쩍 넘는다고 했다. 이탈리아 소속이라 화덕피자를 비롯한 모든 음식이 최고인 것이 이 크루즈 팁이라며 신이 났다. 존은 먹는 게 제일 중요하다고, 8박 9일의 여정이 드디어 시작되었다며 흥분을 감추지 못했고, 목소리에는 설렘이 묻어나 떨리기까지 했다.

배에 승선 시, 입국 심사가 철저히 진행되며 내 얼굴이 찍힌 MSC 카드가 주어졌고 그 카드는 선내에서 신분증, 지불 수단, 방 열쇠의 역할을 하는 가장 중요한 크루즈의 징표였다. 주위를 둘러보니 대부분이 가족 단위 영국인들, 은퇴한 노인들이 주를 이뤘다. 손자 녀석은 너무 흥분해서 뛰어다니고 난리를 피웠다. 배에 승선과 동시에 가족사진 한 컷! 9일 내내 사진사는 물어보지도 않고, 연방 플래시를 터트리고 우리는 배에서 내릴 때 모두 12장의 사진을 골라서 파운드화로 지불! 그들의 상술은 흥분하면 당하게 되어 있었다.

마치 타이타닉 같은 승무원들의 서비스가 몸 둘 바를 모르게 친절했다. 우리 가족의 캐리어들은 이미 객실 앞에 고이 모셔져 있었고, 복도에서 만나는 승무원들은 날 보고 '마담'이라 칭하며 뭘 도와줄 수 있을까를 끊임없이 살폈다. "살다 살다 또 마담 소리를 듣게 될 줄이야." 괜히 기분이 좋아졌다.

배 안에는 승객과 승무원이 철저히 계급이 나뉘어 있었다. 객실의 종류에 따라서 정찬 레스토랑의 좌석이 정해지고 우리 가족을 담당하는 웨이터가 정해진다는 사실에 묘한 감정이 솟구쳤다. 이건 아닌데, 인종이 구분되고, 내 가족의 식사를 위해 저리도 열심히 서빙을 한다니…. 식사하는 내내 눈을 맞추기가 부끄럽고 미안했다.

또다시 시작된 존의 브리핑 시간! 첫 출항은 18시이며 밤새 항해해서 북해 끝자락인 독일 함부르크로 아침에 도착하는 일정이었다. 다음 날 12시쯤 MSC 버스를 타고 함부르크 시내로 이동하여 점심을 먹고 미술관, 박물관 등을 보고 다시 버스를 타고 배로 돌아온다고 했다. 갑판 쪽으로 연결된 뷔페식당은 아침 6시부터 밤 10시까지 운영되며 룸서비스를 받을 수 있다는 알림도 공유했다.

4, 5일쯤 지나자 큰딸은 김치 컵라면을 찾으며 "이거 완전히 사육당하는 느낌이야." 라고 했다. 음식이 너무 지천이라 질린다고, 뷔페에서 쉬지 않고 제공되는 디저트와 너무나도 넘쳐나는 음식에 왠지 죄스러운 감정이 새록새록 피어오르기 시작했다.

대략 20층 정도 되는 아파트 3개 정도의 크기의 배는 바다에 떠 있는 라스베이거스. 키즈 카페, 펍 스타일의 바를 비롯하여 알코올을 제공하는 술집은 6~7개 정도이고 수영장 또한 3개, 헬스장과 탁구장, 디스코 공연장, 카지노 등 나열하기도 숨이 차다. 면세점도 있으니 주머니가 든든해야 9일간의 여정이 진행될 듯했다.

그렇지만 뷔페식당과 아침, 저녁 정찬 식당이 객실 비용에다 포함되며 독일 함부르크, 네덜란드 로테르담, 벨기에 브뤼헤, 프랑스 르아브르까지 이어지는 긴 여정에 별도의 교통수단을 이용해야 하는 부담이 없어, 피곤함 없이 움직일 수 있다는 것이 크루즈 여행의 장점이었다.

공연장에서는 매일 매일 다른 공연과 행사가 진행되며 승객들이 9일 동안 지루함을 느끼지 않도록 최선을 다하는 듯했다. 즐기고 누리는 가운데 마지막 날의 맘마미아 공연을 잊을 수가 없다. 손자는 본격적으로 엉덩이를 흔들고, 나와 딸 둘도 어깨를 감싸 안으며 슬픔을 춤으로 승화시키며 활짝 피는 꽃 봉우리처럼 우리는 남편에게 감사하는 감정의 메시지를 하늘로 쏘아 올렸다.

허윤미

함부르크에서의 인연

올해 2월 나는 독일 북부 도시 함부르크에 있었다. 온화한 날씨였던 잉글랜드와는 사뭇 다른 오랜만에 느껴보는 코끝이 쌩한, 화창한 날의 상쾌함이 참 좋았다.

북해 끝자락의 기품이 느껴지는 도시 함부르크에서 처음으로 듣는 독일어! 정말 생소했다. 영어야 제대로 알아듣지를 못해도 대충 단어로 소통하고 콩글리시라도 입에서 곧잘 튀어나오지만, 독일어, 또 내가 느낀 게르만족의 외모 등등이 참 매력적으로 느껴졌다. 기존에 가지고 있던 선입견, 딱딱한 듯한 언어와 직설적인 듯, 쌀쌀맞은 듯한 독일사람의 이미지와는 다르게 다가왔다.

아름다운 함부르크 시청, 미술관, 2차 세계대전 당시의 함부르크의 처참했던 상황이 전시된 전쟁 박물관 등 하루의 여정으로는 성에 차지 않았다.

그런 가운데 나는 아주 다정한 독일 아이의 아빠와 영어로 대화를 하며 유쾌하고 따뜻한 시간을 가질 수 있었다. 손자와 함께 미술관을 돌다가 아주 우연히 같은 또래인 금발의 이쁜 소녀와 벤치에서 함께 쉬고 있었다. 아이들은 언어가 안 통해도 금세 친해져서 놀고 웃음을 교환하는 사이 그 소녀의 아빠가 나타났다. 그는 잘생긴 흑인 아빠였다. 뛰어가며 안기는 자세가 아빠인 듯했다. 그렇다고 내가 당신이 이 소녀의 아빠냐고 물을 수도 없는 상황! 내 표정을 숨기려 무던히 애를 썼지만, 그는 이런 상황을 많이 겪었는지 영어로 내 손자가 몇 살이냐, 참 잘 생겼다고 칭찬을 했다. 나도 똑같이 질문했고, 당신 정말 좋은 아빠인 듯하다고 어법에 맞지도 않는 영어로 대화를 시도. 당신 딸이랑 내 손자는 나이가 same, same이라 하니 가지런히 빛나는 하얀 치아를 활짝 보이며 만면에 웃음을 짓고 나보고 어디서 왔냐고 하길래 나는 또 발음을 꼬아서 큰든이라고…. 그는 또 웃는다. 나도 덩달아 웃었고 그날 나는 아름다운 기억으로 오래 남을 품성이 참으로 좋은 사람들과 긴 시간을 마치 인연처럼 함께했다.

그는 런던은 아주 훌륭한 도시고 자기도 함부르크 사람은 아니라며 아주 쉽게, 내가 알아들을 수 있도록 영어를 해줬다. 그러는 사이 금발의 미녀가 나타나 볼 뽀뽀를 애 아빠와 나눈다. 이 멋진 아빠는 자기의 아내를 나에게 소개하며 독일어로는 소녀의 엄마에게 나에 관한 얘기를 하는 듯, 난 눈치로 그 부부의 표정을 살폈다. 길에서 만난 세 사람의 이방인들과 언어는 통하질 않았지만 아주 긴 세월을 만난 듯 아이들처럼 서로의 눈을 쳐다보며 마음으로 대화를 나눌 수가 있었다.

그 멋진 시간은 나에게 아름다운 기억으로 조각되어, 사우나에 앉아 있는 듯이 푹푹 찌는 이 여름 날씨에도, 너무나 상쾌했던 날씨의 함부르크와 멋진 독일 아저씨와의 특별한 만남을 생각나게 해주고 있다.

허윤미

서울깍쟁이와 딸깍발이

나의 친가는 진상미의 고장 여주 이천이고, 외가는 자부심으로 가득 찬 서울 사대문 안 집안이다. 어릴 적, 친가를 방문하면 한복차림의 시골 친척들이 친할머니 방에 하나 가득 찼고, 늘 분주히 손님맞이를 하시던 큰어머니가 부엌에서 우리 가족에게 인사하시던 기억이 생생하다.

큰 집에 들어서는 순간부터 엄마의 미간엔 주름이 잡히고, 껄껄 웃으며 친척들이랑 인사를 나누는 아버지는 한편으론 엄마의 눈치를 살피신다. 늘 코를 잡고 툴툴거리는 엄마는 그날도 아버지를 향해 레이저를 발사하셨다. 대충하고 나오라는 싸인!! 그러나 아버지는 고향 친척들이 반가워 모른 척 넘기셨고, 끝내 친할머니의 불호령이 떨어진다.

"서울깍쟁이 노릇 그만해라! 대문만 들어서면 맨날 냄새난다고 코부터 잡고 그러면 쓰겠냐!"

우리 엄마는 지금도 들깨나 들기름은 안 드신다. 그 시절 너희 큰집에 들어서면 나던 냄새라 하시며, 우리 서울 사람은 항상 참기름이지 들기름은 안 먹는다며. 서울 사람에 대한 자부심이 대단하셨다.

어린 날, 친가와 외가의 분위기가 확연히 달랐다. 친가는 고향 사람들이라면 가지고 있는 걸 다 줘도 흡족하다 주의였고, 외가는 경우가 틀린 제안은 절대, never, 틈이 없었다. 한마디로 손해날 행동도 안 하고 남에게 폐 끼칠 행위도 안 하겠다는, 그 시절 벌써 '핵가족 주의'였다고 기억된다.

나는 외가 쪽의 훈육을 받고 자라 나의 성품 또한 서울깍쟁이 기질이 뚜렷했다. 학창 시절부터 좋고 싫고가 확실했고 두루뭉술 넘어가는 것은 참지 못했으며 '희생'이나 '인내'와 같은 덕목과는 거리가 있는 성향이었다.

그 성미가 고쳐진 건 결혼을 해서 시어머님과 함께 간 단골 건어물 가게에서 받은 신혼 초의 교육 덕이었다.

"따지지 마라. 힘든 사람들이다. 부르는 가격은 깎지 마라.

물건을 뒤적거리지 마라. 웃어라."

워낙 꼿꼿한 어른이시라 토를 달 수도 없었다

신혼 땐 그 가풍을 익히느라 숨도 크게 쉬질 못하고 정확히 3년을 시댁에 살며 교육을 받은 뒤 분가를 시켜 주셨다. 인내하고, 참고, 눈감아주고, 베풀고, 손해가 나는 듯해도 속아줄 땐 속는 척해라. 불자이셔서 더 그러셨나. 왜 그리 덕을 쌓으라 하셨는지.

이 글을 쓰며 고등학교 때 국어 교과서에 실렸던 일석 이희승 선생님의 「딸깍발이」라는 수필이 떠올랐다. 이희승 선생은 "현대인은 너무 약다."라며 품이 넓으며 강직했던 선비정신을 이어받자고 하셨다. 나도 딸각딸각 소리를 내며 걷던 남산골 선비처럼, 경계를 허물고 비우며, 여유를 품고 자연을 벗 삼아 살고 싶다. 그 길 끝에서 마침내, 나다운 걸음으로 조용히 딸깍거릴 수 있기를 바란다.

허윤미

에필로그

실수투성이의 삶에서 벗어나 성장하고 싶어 책을 읽습니다. 성숙하지 못한 부끄러운 모습, 그 또한 나의 삶이었음을 이해하고 사랑하며 끝내 반짝이기를 포기하지 않는 희망을 만납니다. 나의 얕음을 알기에 공저를 주저할 때, 괜찮다고 격려해준 그 분께 감사드립니다. _김봉자

나날북클럽은 자신을 향한 길 찾기 여정에서 여러분과 함께하는 성장의 동반자입니다. 나다움과 서로의 꿈을 키워가는 소중한 공간입니다. 우리의 공동 저서가 각자의 길을 더욱 빛나게 하는 기회가 되고, 함께 만들어가는 이 여정 속에서, 여러분의 꿈이 현실로 이루어지기를 기원합니다. _김춘자

글을 쓰는 동안, 나는 내 안의 소소한 순간들과 마주하며 자신을 돌아볼 수 있었습니다. 기억들은 삶의 조각들을 살려내고, 세상을 바라보는 시선을 한층 따뜻하게 만들었습니다. 이 글을 읽는 모든 분들께서도 삶의 작은 순간들을 붙잡아 소중히 여기며, 각자의 길 위에서 자신만의 빛을 찾아가시길 소망합니다. _김호영

제대로 책을 읽고 싶다고 참여한 독서 모임은 생각지도 않았던 글쓰기로 나를 이끌어주었습니다. 글쓰기는 오히려 책을 어떻게 읽어야 할지 나침반이 되어주었습니다. 새로운 길로 안내해준 나날북클럽 리더님과 회원님들께 감사를 전합니다. _정은미

나날북클럽 활동이 독서와 토론으로 끝나지 않고 글쓰기를 통해 자신의 삶을 되돌아보는 의미있는 시간이었습니다. 한 달 동안 글쓰기의 고통이 있었지만, 함께 하니 즐거움을 느꼈습니다. 연말엔 꿈꾸었던 일들이 모두 성취되어 포도주를 마시는 여유로움을 만끽하길 바랍니다. _천유진

분리될 수 없는 삶과 앎을 놓치지 않으려 기록하는 창조의 판을 펼쳐준 나날북클럽 회원들과 변작가님께 감사를 표합니다. _허윤미

나날 북클럽 소개 영상